독일어 패턴 쓰기 노트

KB117571

독일어 패턴 쓰기 노트

지은이 안희철(다미안)
펴낸이 임상진
펴낸곳 (주)넥서스

초판 1쇄 인쇄 2023년 10월 20일
초판 1쇄 발행 2023년 10월 25일

출판신고 1992년 4월 3일 제311-2002-2호
주소 10880 경기도 파주시 지목로 5
전화 (02)330-5500 팩스 (02)330-5555

ISBN 979-11-6683-597-1 13750

www.nexusbook.com

매일 독일어 문장 쓰기 루틴

독일어 패턴 쓰기 노트

안희철(다미안) 지음

Hallo

넥서스

STEP 1

3번 듣고 따라 써 보기

독일어 패턴을 눈으로 먼저 익히고
원어민의 발음을 세 번씩 반복해서 들으세요.
그리고 패턴을 응용한 문장을 따라 써 보세요.

STEP 2

우리말을 독일어로 2번 듣고 말해 보기

패턴을 충분히 암기할 수 있도록 우리말 뜻에
해당하는 문장을 독일어로 두 번씩 써 보세요.
또 직접 입으로 말해 보는 것이 중요합니다.

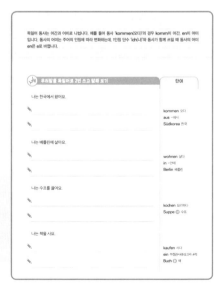

핵심 패턴 체크하기

앞에서 배웠던 중요 독일어 문장을 다시
한 번 말해 보고 암기한 것을 써 보세요.
듣기→쓰기→말하기 학습을 통해 독일어
360문장을 통암기할 수 있게 됩니다.

MP3 듣기 & 다운로드 방법

책 속의 QR코드를 인식하면
원어민 MP3를 바로 재생할 수 있습니다.

www.nexusbook.com에서 다운로드 가능합니다.

❶ 원어민 MP3
❷ 핵심 패턴 체크하기 정답 PDF

독일어 패턴 쓰기 노트

목차

독일어 패턴 쓰기 노트

목차

● 오른쪽 빈칸에 대문자와 소문자를 각각 써 보세요.

대문자		소문자		발음
A		a		[아]
B		b		[베]
C		c		[체]
D		d		[데]
E		e		[에]
F		f		[에프]
G		g		[게]
H		h		[하]
I		i		[이]
J		j		[요트]
K		k		[카]
L		l		[엘]
M		m		[엠]
N		n		[엔]
O		o		[오]

대문자		소문자		발음
P		p		[페]
Q		q		[쿠]
R		r		[에르]
S		s		[에스]
T		t		[테]
U		u		[우]
V		v		[파우]
W		w		[베]
X		x		[익스]
Y		y		[윕실론]
Z		z		[체트]
Ä		ä		[애]
Ö		ë		[외]
Ü		ü		[위]
		ß		[에스체트]

나 _____ 은/는
독일어 패턴 쓰기 노트를
15일 동안 꾸준히 24문장씩 쓰면서
360문장을 암기하여
완전히 내것으로 만들겠다.

KAPITEL 01

규칙동사
문장 만들기

001-024

독일어의 동사는 주어의 인칭에 따라 변화합니다. 1인칭 단수, 2인칭 단수, 3인칭 단수, 1인칭 복수, 2인칭 복수, 3인칭 복수로 구성되는 인칭대명사 여섯 가지의 주어에 맞춰 규칙동사 패턴을 살펴봅니다.

🎧 MP3 001

Ich komme aus Südkorea.

나는 한국에서 왔어요.

 3번 듣고 독일어 따라 써 보기

🎧 **001**

나는 한국에서 왔어요.
Ich komme aus Südkorea.

🎧 **002**

나는 베를린에 살아요.
Ich wohne in Berlin.

🎧 **003**

나는 수프를 끓여요.
Ich koche Suppe.

🎧 **004**

나는 책을 사요.
Ich kaufe ein Buch.

TIP ▶ 어미만 변하고 어간이 변하지 않는 동사를 '규칙동사'라고 부릅니다.

독일어 동사는 어간과 어미로 나뉩니다. 예를 들어, 동사 'kommen(오다)'의 경우 komm이 어간, en이 어미입니다. 동사의 어미는 주어의 인칭에 따라 변화하는데, 1인칭 단수 'ich(나)'와 동사가 함께 쓰일 때 동사의 어미 en은 e로 바뀝니다.

🔊 우리말을 독일어로 2번 쓰고 말해 보기

단어

나는 한국에서 왔어요.

✎ _____

✎ _____

kommen 오다
aus ~에서
Südkorea 한국

나는 베를린에 살아요.

✎ _____

✎ _____

wohnen 살다
in ~ 안에
Berlin 베를린

나는 수프를 끓여요.

✎ _____

✎ _____

kochen 요리하다
Suppe 여 수프

나는 책을 사요.

✎ _____

✎ _____

kaufen 사다
ein 부정관사(중성,단수,4격)
Buch 중 책

MP3 002

Lernst du Deutsch?

너는 독일어를 배우고 있니?

3번 듣고 독일어 따라 써 보기

005

너는 독일어를 배우고 있니?

Lernst du Deutsch?

006

너는 음악 듣는 것을 좋아하니?

Hörst du gerne Musik?

007

너는 영화관에 가는 것을 좋아하니?

Gehst du gerne ins Kino?

008

너는 커피 마시니?

Trinkst du Kaffee?

TIP

독일어의 현재형은 현재뿐 아니라 진행이나 미래의 의미를 가질 수 있습니다. "Lernst du Deutsch?"는 "너는 독일어를 공부하니?", "너는 독일어를 공부하고 있니?", "너는 독일어를 공부할 거니?"로 모두 해석이 가능합니다. 따라서 상황과 맥락에 따라 의미를 파악해야 합니다.

2인칭 단수 'du(너)'와 동사가 함께 쓰이는 경우, 동사의 어미 en은 st로 바뀝니다. 또한 "Du lernst Deutsch. (너는 독일어를 공부하고 있다.)"라는 문장을 의문문으로 바꿀 때는 주어와 동사의 위치를 바꿔 주면 됩니다.

우리말을 독일어로 2번 쓰고 말해 보기

단어

너는 독일어를 배우고 있니?

🖉 _____

🖉 _____

lernen 공부하다
Deutsch 중 독일어

너는 음악 듣는 것을 좋아하니?

🖉 _____

🖉 _____

hören 듣다
gerne 즐겨하는
Musik 여 음악

너는 영화관에 가는 것을 좋아하니?

🖉 _____

🖉 _____

gehen 가다
ins ~ 안으로
(in das의 줄임말)
Kino 중 영화관

너는 커피 마시니?

🖉 _____

🖉 _____

trinken 마시다
Kaffee 남 커피

패턴 3

Er macht Hausaufgaben.

그는 숙제를 해요.

3번 듣고 독일어 따라 써 보기

009

그는 숙제를 해요.

Er macht Hausaufgaben.

010

그녀는 편지를 써요.

Sie schreibt einen Brief.

011

그는 케이크를 구워요.

Er backt Kuchen.

012

그녀는 내일 수영하러 가요.

Sie geht morgen schwimmen.

TIP 'schwimmen gehen(수영하러 가다)'처럼 두 개의 동사가 함께 쓰이는 경우도 있습니다. 이때 동사 원형 'schwimmen(수영하다)'은 문장의 가장 뒤에 위치하게 됩니다.

18

3인칭 단수 'er(그)', 'sie(그녀)', 'es(그것)'가 동사와 함께 쓰이는 경우, 동사의 어미 en은 t로 바뀝니다. 참고로 이 3인칭의 경우 생물학적인 성별로 구분되지는 않습니다. 명사의 성에 따라 지시하는 인칭대명사가 달라집니다.

우리말을 독일어로 2번 쓰고 말해 보기

단어

그는 숙제를 해요.

✎ _____

✎ _____

machen 하다
Hausaufgaben 숙제
(Hausaufgabe의 복수)

그녀는 편지를 써요.

✎ _____

✎ _____

schreiben 쓰다
einen 부정관사(남성, 단수, 4격)
Brief 🔵 편지

그는 케이크를 구워요.

✎ _____

✎ _____

backen 굽다
Kuchen 🔵 케이크

그녀는 내일 수영하러 가요.

✎ _____

✎ _____

gehen 가다
morgen 내일
schwimmen 수영하다

19

🎧 MP3 004

Wir gehen zur Arbeit.

우리는 일하러 가요.

013

✓○○

우리는 일하러 가요.

Wir gehen **zur Arbeit.**

014

✓○○

우리는 스파게티를 요리해요.

Wir kochen **Spaghetti.**

015

✓○○

우리는 음악 듣는 것을 좋아해요.

Wir hören **gern Musik.**

016

✓○○

우리는 피자를 주문해요.

Wir bestellen **eine Pizza.**

 TIP ▶ gern과 gerne는 철자는 다르지만 '즐겨하는'이라는 완전히 같은 의미를 갖습니다. 둘 중 무엇이든 편한 대로 사용하면 됩니다.

1인칭 복수 'wir(우리)'가 동사와 함께 쓰이는 경우, 동사의 어미 en은 그대로 en을 사용합니다.

우리말을 독일어로 2번 쓰고 말해 보기

우리는 일하러 가요.

✎ _____

✎ _____

gehen 가다
zur ~로
(zu der의 줄임말)
Arbeit 여 일

우리는 스파게티를 요리해요.

✎ _____

✎ _____

kochen 요리하다
Spaghetti 복 스파게티

우리는 음악 듣는 것을 좋아해요.

✎ _____

✎ _____

hören 듣다
gern 즐겨하는
Musik 여 음악

우리는 피자를 주문해요.

✎ _____

✎ _____

bestellen 주문하다
Pizza 여 피자

Singt ihr gerne?

🎧 MP3 005

너희는 노래하는 것을 좋아하니?

3번 듣고 독일어 따라 써 보기

🎧 **017**

너희는 노래하는 것을 좋아하니?
Singt ihr gerne?

🎧 **018**

너희는 테니스 치는 것을 좋아하니?
Spielt ihr gerne Tennis?

🎧 **019**

너희는 영화 보는 것을 좋아하니?
Schaut ihr gerne Filme?

🎧 **020**

너희는 초콜릿을 팔고 있니?
Verkauft ihr Schokolade?

TIP ▶ ihr는 비존칭으로 du의 복수형이라고 볼 수 있습니다. 일종의 반말이지만 나이에 따른 한국어식의 반말과 달리 사람 사이의 관계가 가까움을 표현해 줍니다. 예를 들어, 부모와 자식 사이, 이웃이나 동료들 사이에서 du나 ihr로 칭하는 편입니다.

2인칭 복수 'ihr(너희)'가 동사와 함께 쓰이는 경우, 동사의 어미 en은 t로 바뀝니다.

우리말을 독일어로 2번 쓰고 말해 보기

너희는 노래하는 것을 좋아하니?

🖎 _____

🖎 _____

singen 노래하다

너희는 테니스 치는 것을 좋아하니?

🖎 _____

🖎 _____

spielen (운동을) 하다
Tennis 중 테니스

너희는 영화 보는 것을 좋아하니?

🖎 _____

🖎 _____

schauen 보다
Filme 영화(Film의 복수)

너희는 초콜릿을 팔고 있니?

🖎 _____

🖎 _____

verkaufen 팔다
Schokolade 여 초콜릿

23

🎧 MP3 006

Brauchen Sie einen Stift?

당신은 연필이 필요하신가요?

3번 듣고 독일어 따라 써 보기

🎧
021
☑○○

당신은 연필이 필요하신가요?
Brauchen Sie einen Stift?

🎧
022
☑○○

당신은 춤추는 것을 좋아하시나요?
Tanzen Sie gern?

🎧
023
☑○○

그들은 안경을 찾고 있어요.
Sie suchen eine Brille.

🎧
024
☑○○

그들은 세계 여행을 좋아해요.
Sie reisen gerne um die Welt.

TIP ▶ 존칭을 표현하는 Sie는 비존칭 주어 du나 ihr와 달리 격식을 차린 표현입니다. 상호간 이름이 아닌 성(Herr Kim 혹은 Frau Lee 등)으로 부르며, 어느 정도 관계적 거리감이 있음을 드러냅니다.

2인칭 단수이자 복수인 'Sie(당신, 당신들)'와 3인칭 복수 'sie(그들)'가 동사와 함께 쓰이는 경우, 동사의 어미 en은 그대로 en을 사용합니다. 즉, 2인칭 단수이자 복수인 Sie와 3인칭 복수 sie는 동사 변화가 같습니다.

🔊 우리말을 독일어로 2번 쓰고 말해 보기

단어

당신은 연필이 필요하신가요?

✎ _____

✎ _____

brauchen 필요로 하다
Stift (남) 연필, 크레용

당신은 춤추는 걸 좋아하시나요?

✎ _____

✎ _____

tanzen 춤추다

그들은 안경을 찾고 있어요.

✎ _____

✎ _____

suchen 찾다
Brille (여) 안경

그들은 세계 여행을 좋아해요.

✎ _____

✎ _____

reisen 여행하다
um ~주위로, ~둘레로
die 정관사(여성, 단수, 4격)
Welt (여) 세계

25

핵심 패턴 체크하기

☑ 중요 독일어 문장을 다시 말하면서 써 보세요.

🔊
나는 한국에서 왔어요.

🔊
나는 수프를 끓여요.

🔊
너는 음악 듣는 것을 좋아하니?

🔊
너는 영화관에 가는 것을
좋아하니?

🔊
너는 커피 마시니?

🔊
그녀는 편지를 써요.

🔊
우리는 일하러 가요.

🔊
우리는 피자를 주문해요.

🔊
너희는 영화 보는 것을 좋아하니?

🔊
그들은 세계 여행을 좋아해요.

KAPITEL
02

불규칙동사
문장 만들기

독일어의 동사 중에는 주어의 인칭에 따라 불규칙적으로 어미가 변하는 것들도 존재합니다. 특히 2인칭 단수 du와 3인칭 단수 er, sie, es의 경우에 불규칙적인 패턴을 보입니다.

🎧 MP3 **007**

Ich spreche Englisch.

나는 영어를 해.

025

나는 영어를 해.
Ich spreche Englisch.

026

나는 너에게 선물을 줘.
Ich gebe dir ein Geschenk.

027

나는 그녀를 도와.
Ich helfe ihr.

028

나는 11시에 잠을 자.
Ich schlafe um 11 Uhr.

 TIP ▶ 위에서 사용된 dir나 ihr는 각 문장의 동사 행위가 영향을 미치는 대상을 가리키며, 이를 3격(Dativ) 이라고 합니다.

불규칙동사라도 1인칭 단수 ich가 주어인 경우, 규칙 변화와 같이 동사의 어미는 e로 변화합니다.

🗣 우리말을 독일어로 2번 쓰고 말해 보기

나는 영어를 해.

✎ _____

✎ _____

sprechen 말하다
Englisch 중 영어

나는 너에게 선물을 줘.

✎ _____

✎ _____

geben 주다
dir 너에게
ein 부정관사(중성,단수,4격)
Geschenk 중 선물

나는 그녀를 도와.

✎ _____

✎ _____

helfen 도움을 주다
ihr 그녀에게

나는 11시에 잠을 자.

✎ _____

✎ _____

schlafen 잠을 자다
um ~시에
Uhr 여 시, 시계

Fährst du nach Frankfurt?

너는 프랑크푸르트로 가니?

 3번 듣고 독일어 따라 써 보기

🎧
029
✓〇〇

너는 프랑크푸르트로 가니?
Fährst du nach Frankfurt?

🎧
030
✓〇〇

너는 그 차를 보니?
Siehst du das Auto?

🎧
031
✓〇〇

너는 읽는 것을 좋아하니?
Liest du gerne?

🎧
032
✓〇〇

너는 빵을 먹는 것을 좋아하니?
Isst du gerne Brot?

 TIP 독일어 학습 초기에는 불규칙동사들의 변화에 익숙해지는 연습을 많이 해야 합니다. 손보다는 입으로 연습하는 것이 효과적이며, 패턴화하여 주어에 따라 변화된 동사 형태를 함께 입으로 연습하시면 좋습니다.

2인칭 단수 du가 주어인 경우, 불규칙동사 fahren은 어간의 a가 ä로 바뀌며 sehen이나 lesen은 어간의 e가 ie로 바뀌고 essen의 어간의 e가 i로 바뀝니다.

🔊 우리말을 독일어로 2번 쓰고 말해 보기

너는 프랑크푸르트로 가니?

🖊 _____

🖊 _____

fahren (타고) 가다
nach ~을/를 향하여

너는 그 차를 보니?

🖊 _____

🖊 _____

sehen 보다
das 정관사(중성, 단수, 4격)
Auto 중 자동차

너는 읽는 것을 좋아하니?

🖊 _____

🖊 _____

lesen 읽다

너는 빵을 먹는 것을 좋아하니?

🖊 _____

🖊 _____

essen 먹다
Brot 중 빵

31

🎧 MP3 009

Er gibt mir ein Bonbon.

그는 나에게 사탕을 줘.

 3번 듣고 독일어 따라 써 보기

033

그는 나에게 사탕을 줘.
Er gibt mir ein Bonbon.

034

그녀는 커피 한 잔을 해.
Sie nimmt eine Tasse Kaffee.

035

그는 너를 도와.
Er hilft dir.

036

그녀는 피자를 먹는 것을 좋아해.
Sie isst gerne Pizza.

TIP ▶ 'eine Tasse(한 잔)'과 같이 명사 앞에 수나 양을 표현하는 명사구가 놓일 수 있습니다.
📌 ein Glas Bier (맥주 한 잔), eine Flasche Wasser (물 한 병)

3인칭 단수의 경우도 2인칭 단수와 마찬가지로 동사의 어간이 똑같이 불규칙 변화합니다. 단, 동사의 어미가 **t**로 변화한다는 것만 기억하시면 됩니다.

🔊 우리말을 독일어로 2번 쓰고 말해 보기

단어

그는 나에게 사탕을 줘.

✎ _____

✎ _____

geben 주다
mir 나에게
ein 부정관사(중성, 단수, 4격)
Bonbon 중 사탕

그녀는 커피 한 잔을 해.

✎ _____

✎ _____

nehmen 먹다/마시다, 취하다
eine 부정관사(여성, 단수, 4격)
Tasse 여 잔
Kaffee 남 커피

그는 너를 도와.

✎ _____

✎ _____

helfen 도움을 주다
dir 너에게

그녀는 피자를 먹는 것을 좋아해.

✎ _____

✎ _____

essen 먹다
Pizza 여 피자

 MP3 010

Wir treffen uns heute Abend.

우리는 오늘 저녁에 만나.

 3번 듣고 독일어 따라 써 보기

037

우리는 오늘 저녁에 만나.

Wir treffen uns heute Abend.

038

우리는 그 휴대전화를 챙겨.

Wir nehmen das Handy.

039

우리는 집에 가.

Wir fahren nach Hause.

040

우리는 동화책을 읽어.

Wir lesen ein Märchenbuch.

 TIP

동사 treffen은 여기서 재귀동사로 사용되었습니다. 해당 동사의 주어 wir의 재귀대명사 형태인 uns가 함께 쓰여 'wir treffen uns(우리가 서로 만나다)'가 되었습니다. 이런 재귀동사를 암기할 때 재귀대명사 sich를 붙여 'sich treffen'과 같이 암기하면 좋습니다.

불규칙동사가 1인칭 복수 wir와 함께 쓰일 때는 규칙 변화하여 동사의 어간에는 변화가 없으며, 어미는 그대로 en을 사용합니다. 참고로 대부분의 불규칙동사는 주어가 복수일 때 규칙 변화한다는 점을 기억하세요.

우리말을 독일어로 2번 쓰고 말해 보기

단어

우리는 오늘 저녁에 만나.

🖊 _____

🖊 _____

sich treffen 만나다
uns 재귀대명사(1인칭, 복수, 4격)
heute 오늘
Abend (남) 저녁

우리는 그 휴대전화를 챙겨.

🖊 _____

🖊 _____

nehmen 취하다, 잡다
das 정관사(중성, 단수, 4격)
Handy (중) 휴대전화

우리는 집에 가.

🖊 _____

🖊 _____

fahren (타고) 가다
nach ~을/를 향하여
nach Hause 집으로

우리는 동화책을 읽어.

🖊 _____

🖊 _____

lesen 읽다
ein 부정관사(중성, 단수, 4격)
Märchenbuch (중)
동화책

🎧 MP3 **011**

Wisst ihr nicht?

너희는 모르니?

 3번 듣고 독일어 따라 써 보기

🎧 **041** ✓○○

너희는 모르니?

Wisst ihr **nicht?**

🎧 **042** ✓○○

너희는 그것이 예쁘다고 생각하니?

Findet ihr **das schön?**

🎧 **043** ✓○○

너희는 공원으로 달려가고 있니?

Lauft ihr **in den Park?**

🎧 **044** ✓○○

너희는 책을 읽고 있니?

Lest ihr **ein Buch?**

 TIP ▶ finden 동사의 경우, 어간이 -d로 끝나기 때문에 findt가 되는 것이 아니라 어간 find와 2인칭 복수 어미 t 사이에 e를 추가하여 발음상의 어려움이 없도록 만들게 됩니다. 어간이 -m, -n, -t, -d로 끝나 는 대부분의 동사가 이와 같은 변형을 갖게 됩니다.

불규칙동사가 2인칭 복수 ihr와 함께 쓰일 때는 규칙 변화하여 동사의 어간에는 변화가 없으며, 어미는 t로 변화합니다.

단어

너희는 모르니?

✏️ _____

✏️ _____

wissen 알다
nicht ~이/가 아닌

너희는 그것이 예쁘다고 생각하니?

✏️ _____

✏️ _____

finden ~라고 생각하다
das 지시대명사(중성, 단수, 4격)
schön 예쁜

너희는 공원으로 달려가고 있니?

✏️ _____

✏️ _____

laufen 달리다, 뛰어가다
in ~안으로
den 정관사(남성, 단수, 4격)
Park 남 공원

너희는 책을 읽고 있니?

✏️ _____

✏️ _____

lesen 읽다
ein 부정관사(중성, 단수, 4격)
Buch 중 책

37

패턴 **6**

🎧 MP3 **012**

Tragen Sie ein T-Shirt?

당신은 티셔츠를 입고 계시나요?

 3번 듣고 독일어 따라 써 보기

045

당신은 티셔츠를 입고 계시나요?

Tragen Sie **ein T-Shirt?**

046

당신은 프랑스어를 하시나요?

Sprechen Sie **Französisch?**

047

그들은 곧 30살이 돼요.

Sie werden **bald 30 Jahre alt.**

048

그들은 그 버스를 봐요.

Sie sehen **den Bus.**

 TIP

Sie는 2인칭 단수와 복수 모두 사용 가능하므로, 문맥에 따라 단수나 복수 중 하나로 해석할 수 있어야 합니다. 또한 3인칭 복수 sie가 문장 제일 앞에 등장할 때는 대문자로 시작하기 때문에, 존칭 Sie와 혼동하지 않도록 주의해야 합니다. 이 역시 문맥에 따라 판단할 수 있습니다.

38

불규칙동사가 3인칭 복수 sie 및 2인칭 단수와 복수인 Sie와 함께 쓰일 때는 규칙 변화하여 동사의 어간에는 변화가 없으며, 어미는 그대로 en을 사용합니다.

우리말을 독일어로 2번 쓰고 말해 보기

단어

당신은 티셔츠를 입고 계시나요?

✎ _____

✎ _____

tragen 입고 있다, 지니고 있다
ein 부정관사(중성,단수,4격)
T-Shirt 중 티셔츠

당신은 프랑스어를 하시나요?

✎ _____

✎ _____

sprechen 말하다
Französisch 프랑스어

그들은 곧 30살이 돼요.

✎ _____

✎ _____

werden ~이/가 되다
bald 곧
Jahre 연, 해(Jahr의 복수)
alt 나이가든

그들은 그 버스를 봐요.

✎ _____

✎ _____

sehen 보다
den 정관사(남성,단수,4격)
Bus 남 버스

핵심 패턴 체크하기

🔊
나는 너에게 선물을 줘.

🔊
나는 그녀를 도와.

🔊
너는 빵을 먹는 것을 좋아하니?

🔊
그녀는 피자를 먹는 것을 좋아해.

🔊
우리는 오늘 저녁에 만나.

🔊
우리는 그 휴대전화를 챙겨.

🔊
우리는 집에 가.

🔊
너희는 그것이 예쁘다고
생각하니?

🔊
당신은 프랑스어를 하시나요?

🔊
그들은 그 버스를 봐요.

KAPITEL

03

sein 동사
문장 만들기

049-072

동사 sein은 '~이다/~에 있다' 등의 의미를 갖고 있는데, 동사 변화는 모든 인칭에서 불규칙적으로 변합니다. 가장 많이 쓰이는 동사인 만큼 익숙해질 때까지 입으로 훈련하는 것이 중요합니다.

패턴 1

Ich bin glücklich.

🎧 MP3 013

나는 행복해.

 3번 듣고 독일어 따라 써 보기

049

나는 행복해.

Ich bin glücklich.

050

나는 피곤해.

Ich bin müde.

051

나는 학교에 있어.

Ich bin in der Schule.

052

나는 선생님이야.

Ich bin Lehrer.

 TIP ▶ 화자의 직업을 표현할 때는 관사 없이 명사만 사용합니다.

42

독일어를 사용하면서 가장 많이 쓰게 될 패턴 중 하나는 'ich bin ～'입니다. '나는 ～이다/～에 있다/～한 상태이다' 등을 의미합니다.

🔊 우리말을 독일어로 2번 쓰고 말해 보기

	단어

나는 행복해.

✏️ _____

✏️ _____

glücklich 행복한

나는 피곤해.

✏️ _____

✏️ _____

müde 피곤한, 졸린

나는 학교에 있어.

✏️ _____

✏️ _____

in ~ 안에
der 정관사(여성, 단수, 3격)
Schule 여 학교

나는 선생님이야.

✏️ _____

✏️ _____

Lehrer 남 선생님, 교사

43

Du bist groß.

MP3 014

너는 키가 커.

 3번 듣고 독일어 따라 써 보기

053

너는 키가 커.

Du bist groß.

054

너는 친절해.

Du bist freundlich.

055

너는 집에 있니?

Bist du zu Hause?

056

너는 학생이니?

Bist du Student?

 TIP ▷ groß는 일반적으로 '큰'을 의미하지만 사람과 관련하여 사용할 때는 '키가 큰'을 의미하기도 합니다.

이 패턴 역시 가장 많이 사용하게 될 표현 중 하나입니다. 특히 'du bist ~'뿐 아니라 'bist du ~'와 같이 도치된 패턴으로도 입훈련을 하는 것이 중요합니다.

🔊 우리말을 독일어로 2번 쓰고 말해 보기 | 단어

너는 키가 커.

✎ _____

✎ _____

groß (키가) 큰

너는 친절해.

✎ _____

✎ _____

freundlich 친절한

너는 집에 있니?

✎ _____

✎ _____

zu Hause 집에

너는 학생이니?

✎ _____

✎ _____

Student 🔵 학생

Ist er alt?

그는 나이가 많아?

🔊 👂 **3번 듣고 독일어 따라 써 보기**

🎧 **057**
✓○○

그는 나이가 많아?
Ist er alt?

✎ _____

🎧 **058**
✓○○

그는 의사야?
Ist er Arzt?

✎ _____

🎧 **059**
✓○○

그녀는 어려.
Sie ist jung.

✎ _____

🎧 **060**
✓○○

그녀는 내 동료야.
Sie ist meine Kollegin.

✎ _____

TIP ▶ 남자 동료의 경우 Kollege라고 합니다.
예 Er ist mein Kollege. (그는 내 동료야.)

3인칭 단수 er, sie, es 모두 ist와 결합하여 사용합니다.

🗣 우리말을 독일어로 2번 쓰고 말해 보기

단어

그는 나이가 많아?

🖉 _____

🖉 _____

alt 나이가 든, 오래된

그는 의사야?

🖉 _____

🖉 _____

Arzt (남) 의사

그녀는 어려.

🖉 _____

🖉 _____

jung 젊은, 어린

그녀는 내 동료야.

🖉 _____

🖉 _____

meine 나의(소유관사,
여성, 단수, 4격)
Kollegin (여) 동료

패턴 4

Wir sind spät dran.

🎧 MP3 016

우리는 늦었어.

3번 듣고 독일어 따라 써 보기

061

우리는 늦었어.
Wir sind spät dran.

_____

062

우리는 공원에 있어.
Wir sind im Park.

_____

063

우리는 형제자매야.
Wir sind Geschwister.

_____

064

우리는 배고파.
Wir sind hungrig.

_____

TIP ▶ 'spät dran sein(늦었다)'와 같은 관용구는 개별 단어들의 의미보다는 하나의 구문으로 통째로 암기하는 것이 좋습니다.

48

동사 sein은 복수형의 주어와 함께 쓰일 때도 불규칙 변화합니다. 보통의 불규칙 변화 동사들이 복수형의 주어와 쓰일 때 규칙 변화하는 것과는 다릅니다.

🔊 우리말을 독일어로 2번 쓰고 말해 보기

단어

우리는 늦었어.

🖉 _____

🖉 _____

spät 늦은

우리는 공원에 있어.

🖉 _____

🖉 _____

im ~안에
(in dem의 줄임말)
Park 남 공원

우리는 형제자매야.

🖉 _____

🖉 _____

Geschwister 복 형제
자매

우리는 배고파.

🖉 _____

🖉 _____

hungrig 배고픈

49

🎧 MP3 017

Ihr seid schnell.

너희는 빨라.

065

너희는 빨라.

Ihr seid schnell.

✏️

066

너희는 운동을 잘해.

Ihr seid sportlich.

✏️

067

너희는 카페에 있니?

Seid ihr im Café?

✏️

068

너희는 지금 정원에 있니?

Seid ihr jetzt im Garten?

✏️

TIP ▶ Café의 e 위에 붙은 악센트 기호는 프랑스어 등 외래어에서 온 단어들에 붙는 것으로, 모든 단어에 표기하지는 않으나 Café는 항상 표기합니다. 독일어는 통상 강세가 첫음절에 있으나, Café의 경우 두 번째 음절에 강세가 있음을 알 수 있습니다.

ihr는 비존칭으로 대화하는 다수를 지칭하는데, 일대일 수업이나 개인끼리는 주로 du로 대화하게 되므로 말할 일이 별로 없지만 실제 독일 생활에서는 꽤 자주 사용하게 되는 주어임을 기억하세요.

🔊 우리말을 독일어로 2번 쓰고 말해 보기

단어

너희는 빨라.

✎ _____

✎ _____

schnell 빠른

너희는 운동을 잘해.

✎ _____

✎ _____

sportlich 운동을 잘하는

너희는 카페에 있니?

✎ _____

✎ _____

im ~ 안에
(in dem의 줄임말)
Café 🅝 카페

너희는 지금 정원에 있니?

✎ _____

✎ _____

jetzt 지금
Garten 🅜 정원

🎧 MP3 **018**

Sie sind nett.

당신은 친절하시네요.

당신은 친절하시네요.
Sie sind nett.

069

당신은 요리사이신가요?
Sind Sie Koch?

070

그들은 행복해요.
Sie sind glücklich.

071

그들은 학생인가요?
Sind sie Schüler?

072

TIP

Student는 일반적으로 대학생을 가리키는 반면, Schüler는 초등학교 학생에서부터 김나지움 (Gymnasium) 등 고등학교 학생까지를 가리킵니다.

3인칭 복수 sie와 2인칭 단/복수 Sie의 경우도 wir와 같이 sein 동사가 sind로 변형됩니다. 불규칙동사라고 하더라도 1인칭 복수와 3인칭 복수의 동사 어미는 항상 똑같습니다.

🔊 우리말을 독일어로 2번 쓰고 말해 보기

단어

당신은 친절하시네요.

✎ _____

✎ _____

nett 친절한

당신은 요리사이신가요?

✎ _____

✎ _____

Koch 😊 요리사

그들은 행복해요.

✎ _____

✎ _____

glücklich 행복한

그들은 학생인가요?

✎ _____

✎ _____

Schüler 학생
(Schüler의 복수)

핵심 패턴 체크하기

☑ 중요 독일어 문장을 다시 말하면서 써 보세요.

🔊
나는 행복해.

🔊
나는 학교에 있어.

🔊
너는 집에 있니?

🔊
그는 의사야?

🔊
그녀는 어려.

🔊
우리는 배고파.

🔊
너희는 운동을 잘해.

🔊
너희는 지금 정원에 있니?

🔊
당신은 친절하시네요.

🔊
그들은 학생인가요?

haben 동사
문장 만들기

073-096

동사 haben은 '~을/를 가지고 있다'라는 의미로 사용되며, 주어가 단수일 때 불규칙적인 인칭 변화를 하므로 주의해야 합니다. 이 동사 역시 가장 많이 쓰이는 동사인 만큼 익숙해질 때까지 입으로 훈련하는 것이 중요합니다.

Ich habe einen Hund.

🎧 MP3 019

나는 개가 있어.

🎧 073

나는 개가 있어.

Ich habe einen Hund.

_____

🎧 074

나는 배가 고파.

Ich habe Hunger.

_____

🎧 075

나는 월요일에 시간이 있어.

Am Montag habe ich Zeit.

_____

🎧 076

나는 7월에 휴가를 가질 거야.

Im Juli habe ich Urlaub.

_____

TIP ▶ 독일어는 동사를 문장의 구성요소 위치 중 두 번째에 두어야 하며, 주어는 동사 앞이나 뒤에 올 수 있습니다. 동사 앞으로 전치사구(am Montag, im Juli 등)가 도치되면 주어는 동사 바로 뒤에 위치하게 됩니다. 이러한 도치는 의미의 강조 때문이기도 하지만 특별한 의미 없이도 자주 도치시켜 표현합니다.

주어 ich에 따른 haben 동사의 인칭 변화는 habe입니다. haben은 '가지고 있다'라는 의미이지만, 한국어로는 '있다'라고 번역하는 것이 자연스러울 때가 많습니다.

🔊 우리말을 독일어로 2번 쓰고 말해 보기

단어

나는 개가 있어.

✎ _____

✎ _____

einen 부정관사(남성, 단수, 4격)
Hund (남) 개

나는 배가 고파.

✎ _____

✎ _____

Hunger (남) 배고픔

나는 월요일에 시간이 있어.

✎ _____

✎ _____

am ~에
(an dem의 줄임말)
Montag (남) 월요일
Zeit (여) 시간

나는 7월에 휴가를 가질 거야.

✎ _____

✎ _____

im ~ 안에
(in dem의 줄임말)
Juli (남) 7월
Urlaub (남) 휴가

🎧 MP3 020

Hast du Geld dabei?

너는 수중에 돈이 있니?

 3번 듣고 독일어 따라 써 보기

너는 수중에 돈이 있니?

Hast du Geld dabei?

🎧 077

너는 목마르니?

Hast du Durst?

🎧 078

너는 여동생이 있니?

Hast du eine Schwester?

🎧 079

너는 많은 친구들이 있구나.

Du hast viele Freunde.

🎧 080

TIP ▶ dabei haben은 현재 '주머니나 손에 가지고 있음'을 표현합니다.

2인칭 단수 du가 동사 haben과 함께 쓰일 때 hast로 변화합니다.

🔊 우리말을 독일어로 2번 쓰고 말해 보기

단어

너는 수중에 돈이 있니?

🖉 _____

🖉 _____

Geld 중 돈
dabei 그 근처에, 수중에

너는 목마르니?

🖉 _____

🖉 _____

Durst 남 목마름

너는 여동생이 있니?

🖉 _____

🖉 _____

eine 부정관사(여성, 단수, 4격)
Schwester 여 여동생, 누나

너는 많은 친구들이 있구나.

🖉 _____

🖉 _____

viele 많은
Freunde 친구
(Freund의 복수)

59

Er hat ein Fahrrad.

그는 자전거가 있어.

 3번 듣고 독일어 따라 써 보기

081

그는 자전거가 있어.

Er hat ein Fahrrad.

082

그는 직업이 있어.

Er hat einen Job.

083

그녀는 책이 있어.

Sie hat ein Buch.

084

그녀는 두 아이가 있어.

Sie hat zwei Kinder.

TIP 독일어 명사의 복수 형태는 다양하고 복잡해서 처음 독일어를 배울 때는 복수명사 형태가 나올 때마다 있는 그대로 암기하게 하는 것이 중요합니다.

3인칭 단수 er, sie, es가 동사 haben과 함께 쓰일 때 hat로 변화합니다.

🗣 우리말을 독일어로 2번 쓰고 말해 보기

| 단어 |

그는 자전거가 있어.

🖉 _____

🖉 _____

ein 부정관사(중성, 단수, 4격)
Fahrrad 중 자전거

그는 직업이 있어.

🖉 _____

🖉 _____

einen 부정관사(남성, 단수, 4격)
Job 남 직업, 일

그녀는 책이 있어.

🖉 _____

🖉 _____

Buch 중 책

그녀는 두 아이가 있어.

🖉 _____

🖉 _____

zwei 숫자 2
Kinder 아이
(Kind의 복수)

패턴 4

🎧 MP3 022

Wir haben ein Haus in München.

우리는 뮌헨에 집이 있어.

 3번 듣고 독일어 따라 써 보기

085

우리는 뮌헨에 집이 있어.

Wir haben ein Haus in München.

086

우리는 엘레나 집에서 파티를 해.

Wir haben eine Party bei Elena.

087

우리는 매년 여름 휴가를 가져.

Jeden Sommer haben wir Urlaub.

088

우리는 오늘 기분이 좋아.

Heute haben wir gute Laune.

TIP ▶ 'bei + 사람'은 '~(그 사람)의 집에서'를 의미합니다.
에 Ich wohne bei meinen Eltern. (나는 부모님 집에서 산다.)

62

1인칭 복수의 경우, haben 동사는 규칙 변화하여 어미 en을 그대로 사용합니다.

우리말을 독일어로 2번 쓰고 말해 보기

우리는 뮌헨에 집이 있어.

🖉 _____

🖉 _____

ein 부정관사(중성, 단수, 4격)
Haus ⑤ 집
in ~ 안에

우리는 엘레나 집에서 파티를 해.

🖉 _____

🖉 _____

eine 부정관사(여성, 단수, 4격)
Party ⑨ 파티
bei ~ 옆에, ~ 곁에

우리는 매년 여름 휴가를 가져.

🖉 _____

🖉 _____

jeden 각각의(대명사, 남성, 단수, 4격)
Sommer ⑧ 여름
Urlaub ⑧ 휴가

우리는 오늘 기분이 좋아.

🖉 _____

🖉 _____

heute 오늘
gute 좋은
(gut의 형용사 어미 변화)
Laune ⑨ 기분

🎧 MP3 023

Ihr habt ein Problem.

너희는 문제가 있어.

🔊 **3번 듣고 독일어 따라 써 보기**

너희는 문제가 있어.

🎧 **089** ✓○○

Ihr habt ein Problem.

🖊 _____

너희는 시간이 없니?

🎧 **090** ✓○○

Habt ihr keine Zeit?

🖊 _____

너희는 집에 정원이 있니?

🎧 **091** ✓○○

Habt ihr einen Garten zu Hause?

🖊 _____

너희는 파티를 즐기고 있니?

🎧 **092** ✓○○

Habt ihr Spaß auf der Party?

🖊 _____

TIP ▶ keine는 부정관사(ein, eine 등) 앞에 k를 붙여 '없다'라는 의미를 만들어 낸 것입니다.
🔊 Ich habe kein Problem. (난 문제가 없다.)

2인칭 복수 역시 규칙 변화하여 어미 t를 사용합니다.

너희는 문제가 있어.

✎ _____

✎ _____

ein 부정관사(중성,단수,4격)
Problem 중 문제

너희는 시간이 없니?

✎ _____

✎ _____

keine eine의 부정(여성,
단수,4격)
Zeit 여 시간

너희는 집에 정원이 있니?

✎ _____

✎ _____

einen 부정관사(남성,단수,
4격)
Garten 남 정원
zu Hause 집에

너희는 파티를 즐기고 있니?

✎ _____

✎ _____

Spaß 남 재미, 즐거움
auf ~(위)에
der 정관사(여성,단수,3격)
Party 여 파티

65

Haben Sie einen Termin um 11 Uhr?

🎧 MP3 024

당신은 11시에 약속이 있나요?

 3번 듣고 독일어 따라 써 보기

093

당신은 11시에 약속이 있나요?
Haben Sie einen Termin um 11 Uhr?

094

당신은 질문이 있으신가요?
Haben Sie Fragen?

095

그들은 하나의 목표가 있어요.
Sie haben ein Ziel.

096

그들은 많은 아이디어가 있어요.
Sie haben viele Ideen.

 **TIP** ▶ 시간을 말할 때는 전치사 um을 사용합니다.

3인칭 복수와 존칭 Sie에서 haben 동사는 규칙 변화하여 어미 en을 그대로 사용합니다.

🔊 **우리말을 독일어로 2번 쓰고 말해 보기**

단어

당신은 11시에 약속이 있나요?

✎ _____

✎ _____

einen 부정관사(남성, 단수, 4격)
Termin (남) 예약, 약속
um ~시에
Uhr (여) 시, 시계

당신은 질문이 있으신가요?

✎ _____

✎ _____

Fragen 질문
(Frage의 복수)

그들은 하나의 목표가 있어요.

✎ _____

✎ _____

ein 부정관사(중성, 단수, 4격)
Ziel (중) 목적, 목표

그들은 많은 아이디어가 있어요.

✎ _____

✎ _____

viele 많은
Ideen 아이디어, 생각
(Idee의 복수)

핵심 패턴 체크하기

☑ 중요 독일어 문장을 다시 말하면서 써 보세요.

🔊
나는 배가 고파.

🔊
너는 수중에 돈이 있니?

🔊
너는 목마르니?

🔊
그는 직업이 있어.

🔊
우리는 뮌헨에 집이 있어.

🔊
우리는 매년 여름·휴가를 가져.

🔊
우리는 오늘 기분이 좋아.

🔊
너희는 문제가 있어.

🔊
당신은 질문이 있으신가요?

🔊
그들은 많은 아이디어가 있어요.

05

화법조동사 문장 만들기 - können

097-120

문장의 뉘앙스를 바꿔 주는 역할을 하는 화법조동사는 문장 요소의 두 번째에 위치합니다. 그리고 함께 쓰이는 일반동사는 동사원형의 상태로 문장의 가장 뒤에 위치하게 됩니다.

패턴 1

Ich kann schwimmen.

나는 수영할 수 있어.

 3번 듣고 독일어 따라 써 보기

🎧 MP3 025

097

나는 수영할 수 있어.
Ich kann schwimmen.

098

나는 영어를 할 수 있어.
Ich kann Englisch sprechen.

099

나는 피아노를 칠 수 있어.
Ich kann Klavier spielen.

100

나는 잘 요리할 수 있어.
Ich kann gut kochen.

TIP ▶ können은 기본적으로 '할 수 있다', '일어날 수 있다'와 같이 능력이나 가능성을 의미합니다.

70

1인칭 단수 ich가 주어일 때 können은 kann으로 형태가 변합니다.

🗣️ **우리말을 독일어로 2번 쓰고 말해 보기**

나는 수영할 수 있어.

✎ _____

✎ _____

schwimmen 수영하다

나는 영어를 할 수 있어.

✎ _____

✎ _____

Englisch (중) 영어
sprechen 말하다, 구사
하다

나는 피아노를 칠 수 있어.

✎ _____

✎ _____

Klavier (중) 피아노
spielen 연주하다

나는 잘 요리할 수 있어.

✎ _____

✎ _____

gut 좋은
kochen 요리하다

71

Kannst du schnell laufen?

🎧 MP3 026

너는 빨리 달릴 수 있니?

 3번 듣고 독일어 따라 써 보기

101

너는 빨리 달릴 수 있니?

Kannst du schnell laufen?

_____

102

너는 잘 그릴 수 있니?

Kannst du gut zeichnen?

_____

103

너는 자전거를 탈 수 있니?

Kannst du Fahrrad fahren?

_____

104

너는 노래를 잘 부를 수 있니?

Kannst du gut singen?

_____

TIP ▸ 'Fahrrad(자전거)'는 '~을/를 타고 가다'라는 의미의 동사 fahren과 '바퀴'를 의미하는 Rad가 합쳐져 만들어진 합성어입니다.

의문문을 만들 때 화법조동사 können과 주어의 위치가 바뀝니다. 일반동사는 동사원형의 형태로 문장 가장 뒤에 위치합니다.

🔊 우리말을 독일어로 2번 쓰고 말해 보기 | 단어

너는 빨리 달릴 수 있니?

✏️ _____

✏️ _____

gut 좋은
laufen 달리다, 뛰어가다

너는 잘 그릴 수 있니?

✏️ _____

✏️ _____

zeichnen 그리다

너는 자전거를 탈 수 있니?

✏️ _____

✏️ _____

Fahrrad (중) 자전거
fahren (타고) 가다

너는 노래를 잘 부를 수 있니?

✏️ _____

✏️ _____

singen 노래하다

🎧 MP3 **027**

Er kann viele Sprachen.

그는 많은 언어를 할 수 있어.

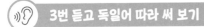 3번 듣고 독일어 따라 써 보기

그는 많은 언어를 할 수 있어.

🎧 **105** ☑○○

Er kann viele Sprachen.

그녀는 잘 들어줄 수 있어.

🎧 **106** ☑○○

Sie kann gut zuhören.

그는 얼마나 빠르게 계산할 수 있어?

🎧 **107** ☑○○

Wie schnell kann er rechnen?

그녀는 얼마나 잘 춤출 수 있어?

🎧 **108** ☑○○

Wie gut kann sie tanzen?

TIP ▶ 'wie + 형용사'는 '얼마나 ~한'을 의미하며, 문장 안에서 분리하지 않고 붙여서 나열해야 합니다.

3인칭 단수가 주어일 때도 1인칭 단수가 주어일 때의 형태와 같은 kann을 사용합니다.

🔊 우리말을 독일어로 2번 쓰고 말해 보기

단어

그는 많은 언어를 할 수 있어.

🖊 _____

🖊 _____

viele 많은
Sprachen 언어
(Sprache의 복수)

그녀는 잘 들어줄 수 있어.

🖊 _____

🖊 _____

gut 좋은
zuhören 경청하다

그는 얼마나 빠르게 계산할 수 있어?

🖊 _____

🖊 _____

wie 어떻게, 얼마나
schnell 빠른
rechnen 계산하다

그녀는 얼마나 잘 춤출 수 있어?

🖊 _____

🖊 _____

tanzen 춤추다

75

Wir können zusammen arbeiten.

우리는 함께 일할 수 있어.

🎧 MP3 028

3번 듣고 독일어 따라 써 보기

109

우리는 함께 일할 수 있어.
Wir können zusammen arbeiten.

110

우리는 축구를 할 수 있어.
Wir können Fußball spielen.

111

우리는 프로젝트를 시작할 수 있어.
Wir können mit einem Projekt beginnen.

112

우리는 시험에 합격할 수 있어.
Wir können die Prüfung bestehen.

TIP 동사 'beginnen(시작하다)'의 경우, 전치사 mit와 함께 사용하여 '~을/를 시작하다'라는 의미를 표현하게 됩니다.

주어가 복수일 때 können은 규칙 변화합니다.

🗣 우리말을 독일어로 2번 쓰고 말해 보기

단어

우리는 함께 일할 수 있어.

✎ _____

✎ _____

zusammen 함께
arbeiten 일하다

우리는 축구를 할 수 있어.

✎ _____

✎ _____

Fußball 🔵 축구
spielen (운동) 하다

우리는 프로젝트를 시작할 수 있어.

✎ _____

✎ _____

mit ~와/과 함께
einem 부정관사(중성, 단수, 3격)
Projekt 🔵 프로젝트
beginnen 시작하다

우리는 시험에 합격할 수 있어.

✎ _____

✎ _____

die 정관사(여성, 단수, 4격)
Prüfung 🔵 시험
bestehen 합격하다

77

Ihr könnt neue Freunde kennenlernen.

너희는 새로운 친구를 만날 수 있어.

 3번 듣고 독일어 따라 써 보기

🎧
113

너희는 새로운 친구를 만날 수 있어.

Ihr könnt neue Freunde kennenlernen.

🎧
114

너희는 새로운 언어를 배울 수 있어.

Ihr könnt eine neue Sprache lernen.

🎧
115

너희는 멋진 파티를 준비할 수 있어.

Ihr könnt eine tolle Party organisieren.

🎧
116

너희는 좋은 책을 쓸 수 있어.

Ihr könnt ein gutes Buch schreiben.

TIP ▷ 동사 'kennenlernen(알다)'은 처음 만나서 알게 된다는 의미를 내포하고 있습니다.

주어가 2인칭 복수 ihr일 때 können은 규칙 변화하여 könnt가 됩니다.

🔊 우리말을 독일어로 2번 쓰고 말해 보기

단어

너희는 새로운 친구를 만날 수 있어.

✎ _____

✎ _____

neue 새로운
(neu의 형용사 어미 변화)
Freunde 친구
(Freund의 복수)
kennenlernen (처음으로)
알게 되다

너희는 새로운 언어를 배울 수 있어.

✎ _____

✎ _____

eine 부정관사(여성, 단수,
4격)
Sprache 여 언어
lernen 배우다

너희는 멋진 파티를 준비할 수 있어.

✎ _____

✎ _____

tolle 멋진
(toll의 형용사 어미 변화)
Party 여 파티
organisieren 계획하다,
준비하다

너희는 좋은 책을 쓸 수 있어.

✎ _____

✎ _____

ein 부정관사(중성,단수,4격)
gutes 좋은
(gut의 형용사 어미 변화)
Buch 중 책
schreiben 쓰다

Sie können gute Entscheidungen treffen.

당신은 좋은 결정을 내리실 수 있어요.

 3번 듣고 독일어 따라 써 보기

117

당신은 좋은 결정을 내리실 수 있어요.
Sie können gute Entscheidungen treffen.

118

당신은 다른 사람들을 도우실 수 있어요.
Sie können anderen helfen.

119

그들은 새로운 것들을 배울 수 있어.
Sie können neue Dinge lernen.

120

그들은 성공할 수 있어.
Sie können erfolgreich sein.

 TIP
'Entscheidung(결정)'과 'treffen(만나다)'이 함께 쓰여 '결정을 내리다'라는 의미로 사용되었습니다.

80

주어가 존칭 Sie나 3인칭 복수 sie일 때, können은 규칙 변화합니다.

우리말을 독일어로 2번 쓰고 말해 보기

당신은 좋은 결정을 내리실 수 있어요.

✏ _____

✏ _____

gute 좋은
(gut의 형용사 어미 변화)
Entscheidungen 결정
(Entscheidung의 복수)
treffen 만나다

당신은 다른 사람들을 도우실 수 있어요.

✏ _____

✏ _____

anderen 다른 이들에게
(ander-의 형용사 어미 변화)
helfen 도움을 주다

그들은 새로운 것들을 배울 수 있어.

✏ _____

✏ _____

neue 새로운
(neu의 형용사 어미 변화)
Dinge 사건, 사물
(Ding의 복수)

그들은 성공할 수 있어.

✏ _____

✏ _____

erfolgreich 성공적인

🔊
나는 수영할 수 있어.

🔊
나는 잘 요리할 수 있어.

🔊
너는 잘 그릴 수 있니?

🔊
너는 자전거를 탈 수 있니?

🔊
그는 얼마나 빠르게 계산할 수
있어?

🔊
우리는 함께 일할 수 있어.

🔊
우리는 축구를 할 수 있어.

🔊
너희는 새로운 친구를 만날 수
있어.

🔊
너희는 멋진 파티를 준비할 수
있어.

🔊
당신은 좋은 결정을 내리실 수
있어요.

06

화법조동사 문장 만들기 – wollen

121-144

모든 화법조동사는 주어가 단수일 때 불규칙 변화하며, 주어가 복수일 때는 규칙 변화합니다.

🎧 MP3 031

Ich will ins Kino gehen.

나는 영화관에 가려고 해.

 3번 듣고 독일어 따라 써 보기

🎧 **121** ✓◯◯

나는 영화관에 가려고 해.
Ich will ins Kino gehen.

🎧 **122** ✓◯◯

나는 책을 읽으려고 해.
Ich will ein Buch lesen.

🎧 **123** ✓◯◯

나는 내년에 여행 가려고 해.
Nächstes Jahr will ich reisen.

🎧 **124** ✓◯◯

나는 아침에 케이크를 구우려고 해.
Am Morgen will ich einen Kuchen backen.

TIP ▶ wollen은 미래의 일을 표현하기는 하지만, 단순한 시제상의 미래(~할 것이다)가 아닌 의지나 계획, 바람을 담은 표현(~하려 한다, ~하고 싶다)임을 기억하세요.

1인칭 단수 ich가 주어일 때 wollen은 will로 형태가 변합니다.

단어

나는 영화관에 가려고 해.

✎ _____

✎ _____

ins ~안으로
(in das의 줄임말)
Kino 중 영화관
gehen 가다

나는 책을 읽으려고 해.

✎ _____

✎ _____

ein 부정관사(중성, 단수, 4격)
Buch 중 책
lesen 읽다

나는 내년에 여행 가려고 해.

✎ _____

✎ _____

nächstes 다음의
(nächst-의 형용사 어미 변화)
Jahr 중 연, 해
reisen 여행하다

나는 아침에 케이크를 구우려고 해.

✎ _____

✎ _____

am ~에
(an dem의 줄임말)
Morgen 남 아침
einen 부정관사(남성, 단수, 4격)
Kuchen 남 케이크
backen 굽다

Willst du ein Auto kaufen?

🎧 MP3 032

너는 차를 사려고 하니?

 3번 듣고 독일어 따라 써 보기

125
🎧
✓○○

너는 차를 사려고 하니?
Willst du ein Auto kaufen?

✎

126
🎧
✓○○

너는 운동하려고 하니?
Willst du Sport treiben?

✎

127
🎧
✓○○

너는 언어를 배우려고 하니?
Willst du eine Sprache lernen?

✎

128
🎧
✓○○

너는 휴가를 가려고 하니?
Willst du Urlaub machen?

✎

TIP 'Sport treiben(운동하다)', 'Urlaub machen(휴가 가다)'과 같이 명사와 동사가 함께 사용하여 특별한 의미를 만드는 관용어구들은 따로 암기하는 것이 좋습니다.

의문문을 만들 때 화법조동사 wollen과 주어의 위치가 바뀝니다. 일반동사는 동사원형의 형태로 문장 가장 뒤에 위치합니다.

우리말을 독일어로 2번 쓰고 말해 보기

단어

너는 차를 사려고 하니?

🖊 _____

🖊 _____

ein 부정관사(중성, 단수, 4격)
Auto 중 자동차
kaufen 사다

너는 운동하려고 하니?

🖊 _____

🖊 _____

Sport 남 스포츠
treiben 행하다, 몰다

너는 언어를 배우려고 하니?

🖊 _____

🖊 _____

eine 부정관사(여성, 단수, 4격)
Sprache 여 언어
lernen 배우다

너는 휴가를 가려고 하니?

🖊 _____

🖊 _____

Urlaub 남 여행
machen 하다

Er will ein Haus bauen.

🎧 MP3 033

그는 집을 지으려고 해.

 3번 듣고 독일어 따라 써 보기

그는 집을 지으려고 해.

129

Er will ein Haus bauen.

그는 일자리를 찾으려고 해.

130

Er will einen Job finden.

그녀는 원피스를 사려고 해.

131

Sie will ein Kleid kaufen.

그녀는 마라톤을 뛰려고 해.

132

Sie will einen Marathon laufen.

TIP 동사 finden은 '찾다'라는 의미 외에도 '〜라고 생각하다'라는 의미로도 자주 사용됩니다.
예 Sie findet das Kleid schön. (그녀는 그 원피스가 예쁘다고 생각한다.)

3인칭 단수가 주어일 때도 1인칭 단수가 주어일 때의 형태와 같은 **will**을 사용합니다. 모든 화법조동사는 이런 방식으로 동일하게 변화합니다.

🗣 우리말을 독일어로 2번 쓰고 말해 보기

단어

그는 집을 지으려고 해.

✏ _____

✏ _____

ein 부정관사(중성, 단수, 4격)
Haus 중 집
bauen 짓다

그는 일자리를 찾으려고 해.

✏ _____

✏ _____

einen 부정관사(남성, 단수, 4격)
Job 남 직업, 일
finden 찾다

그녀는 원피스를 사려고 해.

✏ _____

✏ _____

ein 부정관사(중성, 단수, 4격)
Kleid 중 원피스
kaufen 사다

그녀는 마라톤을 뛰려고 해.

✏ _____

✏ _____

einen 부정관사(남성, 단수, 4격)
Marathon 남 마라톤
laufen 달리다, 뛰어가다

Wollen wir eine Reise planen?

우리 여행 계획을 세울까?

 3번 듣고 독일어 따라 써 보기

우리 여행 계획을 세울까?

133

Wollen wir **eine Reise planen?**

_____

우리 함께 요리할까?

134

Wollen wir **zusammen kochen?**

_____

우리 영화 한 편 볼까?

135

Wollen wir **einen Film anschauen?**

_____

우리 사업을 시작할까?

136

Wollen wir **ein Geschäft eröffnen?**

_____

TIP ▷ 'Wollen wir ~?'로 시작하는 구문은 제안이나 제의를 할 때 '우리 ~할까?'라는 의미를 가지는 표현입니다. 친구나 동료간 무언가를 결정할 때 자주 사용합니다.

주어가 복수일 때 wollen은 규칙 변화합니다.

단어

우리 여행 계획을 세울까?

✎ _____

✎ _____

eine 부정관사(여성, 단수, 4격)
Reise (여) 여행
planen 계획하다

우리 함께 요리할까?

✎ _____

✎ _____

zusammen 함께
kochen 요리하다

우리 영화 한 편 볼까?

✎ _____

✎ _____

einen 부정관사(남성, 단수, 4격)
Film (남) 영화
anschauen 보다

우리 사업을 시작할까?

✎ _____

✎ _____

ein 부정관사(중성, 단수, 4격)
Geschäft (중) 사업, 회사
eröffnen 열다, 개시하다

91

Wollt ihr ins Theater gehen?

🎧 MP3 035

너희 극장에 가려고?

🎧 137

너희 극장에 가려고?
Wollt ihr ins Theater gehen?

🎧 138

너희 소풍 가려고?
Wollt ihr ein Picknick machen?

🎧 139

너희 친구 만나려고?
Wollt ihr Freunde treffen?

🎧 140

너희 게임하려고?
Wollt ihr ein Spiel spielen?

TIP ▶ ins처럼 일부 전치사는 정관사와 합쳐져 한 단어로 만들어지기도 합니다.

주어가 2인칭 복수 ihr일 때 wollen은 규칙 변화하여 wollt가 됩니다.

| 🔊 우리말을 독일어로 2번 쓰고 말해 보기 | 단어 |

너희 극장에 가려고?

✏️ _____

✏️ _____

ins ~ 안으로
(in das의 줄임말)
Theater 중 극장
gehen 가다

너희 소풍 가려고?

✏️ _____

✏️ _____

ein 부정관사(중성,단수,4격)
Picknick 중 소풍
machen 하다

너희 친구 만나려고?

✏️ _____

✏️ _____

Freunde 친구
(Freund의 복수)
treffen 만나다

너희 게임하려고?

✏️ _____

✏️ _____

einen 부정관사(남성, 단수, 4격)
Spiel 중 게임
spielen (게임을) 하다

93

🎧 MP3 036

Wollen Sie eine Pizza bestellen?

당신은 피자를 주문하려고 하시나요?

3번 듣고 독일어 따라 써 보기

당신은 피자를 주문하려고 하시나요?

141

Wollen Sie eine Pizza bestellen?

당신은 음악을 들으려고 하시나요?

142

Wollen Sie Musik hören?

그들은 새로운 취미를 찾으려고 해요.

143

Sie wollen ein neues Hobby finden.

그들은 예약하려고 해요.

144

Sie wollen einen Termin vereinbaren.

TIP

형용사가 명사를 수식할 때 형용사 어미를 추가해야 합니다. 이때 정관사가 함께 쓰이느냐(das neue Hobby) 부정관사가 함께 쓰이느냐(ein neues Hobby)에 따라 다른 어미를 사용합니다.

주어가 존칭 Sie나 3인칭 복수 sie일 때 wollen은 규칙 변화합니다.

🗣 우리말을 독일어로 2번 쓰고 말해 보기

단어

당신은 피자를 주문하려고 하시나요?

✎ _____

✎ _____

eine 부정관사(여성, 단수, 4격)
Pizza 여 피자
bestellen 주문하다

당신은 음악을 들으려고 하시나요?

✎ _____

✎ _____

Musik 여 음악
hören 듣다

그들은 새로운 취미를 찾으려고 해요.

✎ _____

✎ _____

ein 부정관사(중성, 단수, 4격)
neues 새로운
(neu의 형용사 어미 변화)
Hobby 중 취미
finden 찾다

그들은 예약하려고 해요.

✎ _____

✎ _____

einen 부정관사(남성, 단수, 4격)
Termin 남 예약, 약속
vereinbaren 합의하다

95

핵심 패턴 체크하기

☑ 중요 독일어 문장을 다시 말하면서 써 보세요.

🔊
나는 영화관에 가려고 해.

🔊
나는 내년에 여행 가려고 해.

🔊
너는 차를 사려고 하니?

🔊
너는 언어를 배우려고 하니?

🔊
그는 일자리를 찾으려고 해.

🔊
그녀는 마라톤을 뛰려고 해.

🔊
우리 함께 요리할까?

🔊
우리 영화 한 편 볼까?

🔊
너희 게임하려고?

🔊
그들은 예약하려고 해요.

96

07

화법조동사 문장 만들기 – möchten

145-168

möchten은 화법조동사 mögen의 접속법 형태로, '~을/를 원하다'라는 의미를 갖는 화법조동사입니다. 이 동사는 möchte를 기본형으로 하여 1인칭 단수와 3인칭 단수에서 불규칙 변화합니다.

🎧 MP3 **037**

Ich möchte ein Eis essen.

저는 아이스크림을 먹고 싶어요.

저는 아이스크림을 먹고 싶어요.

Ich möchte **ein Eis essen.**

저는 공원에 가고 싶어요.

Ich möchte **in den Park gehen.**

저는 프랑스로 여행 가고 싶어요.

Ich möchte **nach Frankreich reisen.**

저는 커피를 마시고 싶지 않아요.

Ich möchte **keinen Kaffee trinken.**

TIP ▶ 동사 wollen과 möchten은 모두 '원하다'라는 뜻을 가지고 있지만, wollen은 강한 의지와 결심을 강조할 때 사용하고 möchten은 좀 더 정중하게 표현하거나 바람과 희망을 강조할 때 사용합니다.

1인칭 단수 ich가 주어일 때 möchten은 möchte로 형태가 변합니다.

🔊 우리말을 독일어로 2번 쓰고 말해 보기

| | 단어 |

저는 아이스크림을 먹고 싶어요.

✎ _____

✎ _____

Eis 중 아이스크림
essen 먹다

저는 공원에 가고 싶어요.

✎ _____

✎ _____

in ~안으로
Park 남 공원
gehen 가다

저는 프랑스로 여행 가고 싶어요.

✎ _____

✎ _____

nach ~을/를 향하여
reisen 여행하다

저는 커피를 마시고 싶지 않아요.

✎ _____

✎ _____

keinen einen의 부정(남성, 단수, 4격)
Kaffee 남 커피
trinken 마시다

Möchtest du einen Salat bestellen?

너는 샐러드를 주문하고 싶니?

 3번 듣고 독일어 따라 써 보기

너는 샐러드를 주문하고 싶니?
Möchtest du einen Salat bestellen?

🎧 149

너는 춤을 배우고 싶니?
Möchtest du tanzen lernen?

🎧 150

너는 악기를 연주하고 싶니?
Möchtest du ein Instrument spielen?

🎧 151

너는 산책을 하고 싶니?
Möchtest du einen Spaziergang machen?

🎧 152

TIP ▷ tanzen lernen은 2개의 동사가 사용된 것으로, '춤추는 것을 배우다'라는 의미가 됩니다. 화법조동사 möchten과 함께 동사가 총 3개가 사용되었습니다.
예 Tanzt du? (춤을 추니?) → Lernst du tanzen? (춤추는 것을 배우니?)
→ Möchtest du tanzen lernen? (춤추는 것을 배우고 싶니?)

의문문을 만들 때는 화법조동사 möchten과 주어의 위치가 바뀝니다. 일반동사는 동사원형의 형태로 문장 가장 뒤에 위치합니다.

🔊 우리말을 독일어로 2번 쓰고 말해 보기

너는 샐러드를 주문하고 싶니?

✎ _____

✎ _____

Salat 남 샐러드
bestellen 주문하다

너는 춤을 배우고 싶니?

✎ _____

✎ _____

tanzen 춤추다
lernen 배우다

너는 악기를 연주하고 싶니?

✎ _____

✎ _____

Instrument 중 악기
spielen 연주하다

너는 산책을 하고 싶니?

✎ _____

✎ _____

Spaziergang 남 산책
machen 하다

🎧 MP3 039

Er möchte gut Fußball spielen.

그는 축구를 잘하고 싶어 해.

 3번 듣고 독일어 따라 써 보기

153

그는 축구를 잘하고 싶어 해.

Er möchte gut Fußball spielen.

154

그는 자기 자동차를 팔고 싶어 해.

Er möchte sein Auto verkaufen.

155

그녀는 여행을 떠나고 싶어 해.

Sie möchte verreisen.

156

그녀는 도움을 받고 싶어 해.

Sie möchte Hilfe bekommen.

 TIP ▷ reisen은 일반적으로 '여행을 가는 것'을 의미하는 반면, verreisen은 '여행을 가기 위해 집에서 떠나는 것'을 의미합니다.

3인칭 단수가 주어일 때도 1인칭 단수가 주어일 때의 형태와 같은 möchte를 사용합니다.

🔊 우리말을 독일어로 2번 쓰고 말해 보기

단어

그는 축구를 잘하고 싶어 해.

✎ _____

✎ _____

gut 좋은
Fußball (남) 축구
spielen (운동) 하다

그는 자기 자동차를 팔고 싶어 해.

✎ _____

✎ _____

sein 그의(소유관사, 중성,
단수, 4격)
Auto (중) 자동차
verkaufen 판매하다

그녀는 여행을 떠나고 싶어 해.

✎ _____

✎ _____

verreisen 여행을 떠나다

그녀는 도움을 받고 싶어 해.

✎ _____

✎ _____

Hilfe (여) 도움
bekommen 얻다, 받다

103

Wir möchten einen Berg besteigen.

우리는 산을 오르고 싶어.

🎧 **3번 듣고 독일어 따라 써 보기**

우리는 산을 오르고 싶어.

🎧 **157**

Wir möchten einen Berg besteigen.

우리는 차를 마시고 싶어.

🎧 **158**

Wir möchten einen Tee trinken.

우리는 예술 작품을 그리고 싶어.

🎧 **159**

Wir möchten ein Kunstwerk malen.

우리는 콘서트에 가고 싶어.

🎧 **160**

Wir möchten ein Konzert besuchen.

TIP '방문하다'를 의미하는 besuchen은 '특정한 이벤트를 방문하거나 참여하는 것'을 의미할 수도 있습니다.

주어가 복수일 때 möchten은 규칙 변화합니다.

단어

우리는 산을 오르고 싶어.

✎ _____

✎ _____

Berg 남 산
besteigen 오르다

우리는 차를 마시고 싶어.

✎ _____

✎ _____

Tee 남 차
trinken 마시다

우리는 예술 작품을 그리고 싶어.

✎ _____

✎ _____

Kunstwerk 중 예술
작품
malen 그리다

우리는 콘서트에 가고 싶어.

✎ _____

✎ _____

Konzert 중 콘서트
besuchen 방문하다

105

Möchtet ihr ins Schwimmbad gehen?

너희는 수영장에 가고 싶니?

3번 듣고 독일어 따라 써 보기

161

너희는 수영장에 가고 싶니?
Möchtet ihr ins Schwimmbad gehen?

162

너희는 영화를 보고 싶니?
Möchtet ihr einen Film sehen?

163

너희는 우리랑 바비큐하고 싶니?
Möchtet ihr mit uns grillen?

164

너희는 나무를 심고 싶니?
Möchtet ihr einen Baum pflanzen?

TIP ▶ grillen은 '바비큐나 그릴을 사용하여 음식을 조리하는 것'을 의미합니다. 독일 사람들은 자신의 정원이나 야외 공원 등지에서 grillen을 즐겨합니다.

주어가 2인칭 복수 ihr일 때 möchten은 규칙 변화하여 möchtet가 됩니다.

🔊 우리말을 독일어로 2번 쓰고 말해 보기

너희는 수영장에 가고 싶니?

✎ _____

✎ _____

너희는 영화를 보고 싶니?

✎ _____

✎ _____

너희는 우리랑 바비큐하고 싶니?

✎ _____

✎ _____

너희는 나무를 심고 싶니?

✎ _____

✎ _____

패턴 6

MP3 042

Möchten Sie eine Fremdsprache lernen?

당신은 외국어를 배우고 싶으신가요?

3번 듣고 독일어 따라 써 보기

165

당신은 외국어를 배우고 싶으신가요?

Möchten Sie eine Fremdsprache lernen?

166

당신은 보험에 가입하고 싶으신가요?

Möchten Sie eine Versicherung abschließen?

167

그들은 언제 도시를 구경하고 싶어 하나요?

Wann möchten sie eine Stadt besichtigen?

168

그들은 얼마나 기부하고 싶어 하나요?

Wie viel möchten sie eine Spende machen?

TIP ▸ 'wann(언제)', 'wie viel(얼마나 많이)'과 같은 의문사는 의문문에서 문장의 가장 앞에 위치하며, 이어서 동사가 위치합니다.

108

주어가 존칭 Sie나 3인칭 복수 sie일 때 möchten은 규칙 변화합니다.

🗣️ 우리말을 독일어로 2번 쓰고 말해 보기

당신은 외국어를 배우고 싶으신가요?

✏️ _____

✏️ _____

당신은 보험에 가입하고 싶으신가요?

✏️ _____

✏️ _____

그들은 언제 도시를 구경하고 싶어 하나요?

✏️ _____

✏️ _____

그들은 얼마나 기부하고 싶어 하나요?

✏️ _____

✏️ _____

핵심 패턴 체크하기

☑ 중요 독일어 문장을 다시 말하면서 써 보세요.

🔊
저는 아이스크림을 먹고 싶어요.

🔊
너는 샐러드를 주문하고 싶니?

🔊
너는 산책을 하고 싶니?

🔊
그는 자기 자동차를 팔고 싶어 해.

🔊
그녀는 도움을 받고 싶어 해.

🔊
우리는 차를 마시고 싶어.

🔊
너희는 영화를 보고 싶니?

🔊
너희는 우리랑 바비큐하고 싶니?

🔊
그들은 언제 도시를 구경하고 싶어
하나요?

🔊
그들은 얼마나 기부하고 싶어
하나요?

화법조동사 문장 만들기 – müssen

169-192

화법조동사 müssen은 '해야 한다'라는 의미로, 주어가 단수일 때 불규칙 변화합니다. 다른 화법조동사들과 마찬가지로 주어가 복수일 때 규칙 변화합니다.

🎧 MP3 043

Am Wochenende muss ich arbeiten.

나는 주말에 일해야 해.

나는 주말에 일해야 해.
169

Am Wochenende muss ich arbeiten.

_____

나는 내일 장을 보러 가야 해.
170

Morgen muss ich einkaufen gehen.

_____

나는 지금 수학 공부를 해야 해.
171

Ich muss jetzt Mathe lernen.

_____

나는 곧바로 의사에게 가야 해.
172

Ich muss sofort zum Arzt gehen.

_____

 TIP   'zum Arzt gehen(의사에게 가다)'은 보통 특정 의사에게 간다는 의미보다는 일반적으로 병원에 간다는 의미로 사용합니다.

1인칭 단수 ich가 주어일 때 müssen은 muss로 형태가 변합니다.

🔊 우리말을 독일어로 2번 쓰고 말해 보기

나는 주말에 일해야 해.

✏️ _____

✏️ _____

Wochenende 중
주말
arbeiten 일하다

나는 내일 장을 보러 가야 해.

✏️ _____

✏️ _____

morgen 내일
einkaufen 장을 보다,
쇼핑하다
gehen 가다

나는 지금 수학 공부를 해야 해.

✏️ _____

✏️ _____

jetzt 지금
Mathe 여 수학
lernen 배우다, 공부하다

나는 곧바로 의사에게 가야 해.

✏️ _____

✏️ _____

sofort 곧장
Arzt 남 의사
gehen 가다

113

🎧 MP3 044

Du musst dein Zimmer aufräumen.

너는 네 방을 치워야 해.

 3번 듣고 독일어 따라 써 보기

너는 네 방을 치워야 해.

 173

Du musst dein Zimmer aufräumen.

너는 시간을 지켜야 해.

 174

Du musst pünktlich sein.

너는 그 숙제를 해야 해.

 175

Du musst die Hausaufgaben machen.

너는 내일까지 결정해야 해.

 176

Bis morgen musst du dich entscheiden.

TIP entscheiden은 여기서 재귀동사로 사용되었으며, 이에 재귀대명사를 함께 수반해야 합니다. 즉, dich는 인칭대명사가 아닌 재귀대명사이며 해석할 필요가 없습니다.

2인칭 단수 du가 주어일 때 müssen은 musst가 됩니다. t만 붙는다는 사실에 유의하세요.

우리말을 독일어로 2번 쓰고 말해 보기

단어

너는 네 방을 치워야 해.

_____

_____

dein 너의(소유관사, 중성, 단수, 4격)
Zimmer 중 방
aufräumen 치우다, 정리하다

너는 시간을 지켜야 해.

_____

_____

pünktlich 정시의

너는 그 숙제를 해야 해.

_____

_____

Hausaufgaben 숙제
(Hausaufgabe의 복수)
machen 하다

너는 내일까지 결정해야 해.

_____

_____

bis ~까지
morgen 내일
dich 재귀대명사(2인칭, 단수, 4격)
sich entscheiden
결정하다

115

MP3 045

Er muss den Zug nehmen.

그는 그 기차를 타야 해요.

 3번 듣고 독일어 따라 써 보기

 177

그는 그 기차를 타야 해요.
Er muss den Zug nehmen.

 178

그는 그 차를 수리해야 해요.
Er muss das Auto reparieren.

 179

그녀는 그 아침 식사를 준비해야 해요.
Sie muss das Frühstück vorbereiten.

 180

그녀는 그 아이들을 데려와야 해요.
Sie muss die Kinder abholen.

 TIP 교통수단과 함께 nehmen을 사용하면 '~을/를 타다'라는 의미로 사용됩니다.

3인칭 단수가 주어일 때도 1인칭 단수가 주어일 때의 형태와 같은 **muss**를 사용합니다.

🗣 우리말을 독일어로 2번 쓰고 말해 보기

단어

그는 그 기차를 타야 해요.

✏ _____

✏ _____

Zug (남) 기차
nehmen 잡다, 타다

그는 그 차를 수리해야 해요.

✏ _____

✏ _____

Auto (중) 자동차
reparieren 수리하다

그녀는 그 아침 식사를 준비해야 해요.

✏ _____

✏ _____

Frühstück (중) 아침식사
vorbereiten 준비하다

그녀는 그 아이들을 데려와야 해요.

✏ _____

✏ _____

Kinder 아이
(Kind의 복수)
abholen 데려오다

117

🎧 MP3 046

Wir müssen zusammenarbeiten.

우리는 함께 일해야 해요.

🔊 3번 듣고 독일어 따라 써 보기

181

우리는 함께 일해야 해요.

Wir müssen zusammenarbeiten.

182

우리는 그 계산서를 지불해야 해요.

Wir müssen die Rechnung bezahlen.

183

우리는 그 방을 예약해야 해요.

Wir müssen das Zimmer buchen.

184

우리는 서둘러야 해요.

Wir müssen uns beeilen.

TIP
beeilen은 여기서 재귀동사로 사용되었고, 재귀대명사를 함께 수반합니다. 재귀대명사는 주어와 일치되는 인칭을 사용합니다.

주어가 복수일 때 müssen은 규칙 변화합니다.

단어

우리는 함께 일해야 해요.

✎ _____

✎ _____

zusammenarbeiten
함께 일하다

우리는 그 계산서를 지불해야 해요.

✎ _____

✎ _____

Rechnung (여) 계산서
bezahlen 지불하다

우리는 그 방을 예약해야 해요.

✎ _____

✎ _____

Zimmer (중) 방
buchen 예약하다

우리는 서둘러야 해요.

✎ _____

✎ _____

uns 재귀대명사(1인칭,
복수, 4격)
sich beeilen 서두르다

Ihr müsst leise sein.

너희는 조용히 해야 해.

 3번 듣고 독일어 따라 써 보기

185

너희는 조용히 해야 해.
Ihr müsst leise sein.

186

너희는 그 규칙을 지켜야 해.
Ihr müsst die Regeln beachten.

187

너희는 그 양식을 작성해야 해.
Ihr müsst das Formular ausfüllen.

188

너희는 조금 더 기다려야 해.
Ihr müsst noch ein bisschen warten.

 TIP ein bisschen은 '약간'을 의미하며, 이와 유사한 표현들로는 etwas, ein wenig 등이 있습니다.

주어가 2인칭 복수 ihr일 때 müssen은 규칙 변화하여 müsst가 됩니다.

🗣 우리말을 독일어로 2번 쓰고 말해 보기

단어

너희는 조용히 해야 해.

✎ _____

✎ _____

leise 조용한

너희는 그 규칙을 지켜야 해.

✎ _____

✎ _____

Regeln 규칙
(Regel의 복수)
beachten 준수하다

너희는 그 양식을 작성해야 해.

✎ _____

✎ _____

Formular 중 양식
ausfüllen 채우다

너희는 조금 더 기다려야 해.

✎ _____

✎ _____

noch 더
ein bisschen 조금
warten 기다리다

121

Sie müssen einen Termin vereinbaren.

당신은 약속을 잡으셔야 해요.

당신은 약속을 잡으셔야 해요.

Sie müssen einen Termin vereinbaren.

당신은 그 프로젝트를 완료하셔야 해요.

Sie müssen das Projekt abschließen.

그들은 그 필라테스 수업을 등록해야 해요.

Sie müssen sich für den Pilates-Kurs anmelden.

그들은 자신의 할 일을 마쳐야 해요.

Sie müssen ihre Aufgaben erledigen.

TIP ▶ anmelden은 여기서 재귀동사로 사용되었고, 전치사구 'für + 4격'과 함께 쓰여 어떤 수업에 등록 했는지를 표현해 주게 됩니다. 이러한 재귀동사는 'sich anmelden für 4격(~에 등록하다)'과 같이 암기하면 좋습니다.

주어가 존칭 Sie나 3인칭 복수 sie일 때 müssen은 규칙 변화합니다.

단어

당신은 약속을 잡으셔야 해요.

✎ _____

✎ _____

Termin (남) 예약, 약속
vereinbaren 합의하다

당신은 그 프로젝트를 완료하셔야 해요.

✎ _____

✎ _____

Projekt (중) 프로젝트
abschließen 완료하다

그들은 그 필라테스 수업을 등록해야 해요.

✎ _____

✎ _____

sich 재귀대명사(3인칭,
복수, 4격)
für ~에 대하여
Pilates-Kurs (남) 필라
테스 수업
sich anmelden 등록
하다

그들은 자신의 할 일을 마쳐야 해요.

✎ _____

✎ _____

ihre 그들의(소유관사,
복수, 4격)
Aufgaben 과제, 임무
(Aufgabe의 복수)
erledigen 끝마치다

123

핵심 패턴 체크하기

☑ 중요 독일어 문장을 다시 말하면서 써 보세요.

🔊
나는 주말에 일해야 해.

🔊
나는 지금 수학 공부를 해야 해.

🔊
너는 시간을 지켜야 해.

🔊
너는 내일까지 결정해야 해.

🔊
그녀는 그 아침 식사를 준비해야
해요.

🔊
우리는 그 방을 예약해야 해요.

🔊
너희는 그 규칙을 지켜야 해.

🔊
너희는 조금 더 기다려야 해.

🔊
당신은 그 프로젝트를 완료하셔야
해요.

🔊
그들은 자신의 할 일을 마쳐야
해요.

09

화법조동사 문장 만들기 – dürfen

193 – 216

화법조동사 dürfen은 허락, 허가의 의미를 가집니다. 주어가 단수일 때 불규칙 변화하며, 주어가 복수일 때 규칙 변화합니다.

Ich darf alleine reisen.

🎧 MP3 049

나는 혼자 여행해도 돼.

193

✓○○

나는 혼자 여행해도 돼.

Ich darf alleine reisen.

194

✓○○

나는 여기에 주차해도 돼.

Ich darf hier parken.

195

✓○○

내가 그 자동차를 운전해도 돼?

Darf ich das Auto fahren?

196

✓○○

내가 그 파티에 참석해도 돼?

Darf ich die Party besuchen?

TIP ▶ 'Darf ich ~?(내가 ~해도 돼?)'와 'Kann ich?(내가 ~할 수 있을까?)'는 모두 유사한 상황에서 사용할 수 있는 표현이지만, dürfen 쪽이 보다 공손하고 형식적인 느낌을 줍니다.

1인칭 단수 ich가 주어일 때 dürfen은 darf로 형태가 변합니다. 그 형태가 상당히 불규칙적인 모습을 보이므로 해당 형태에 익숙해지는 연습이 필요합니다.

🔊 우리말을 독일어로 2번 쓰고 말해 보기

<table>
<tr><td></td><td>단어</td></tr>
</table>

나는 혼자 여행해도 돼.

✎ _____

✎ _____

alleine 혼자
reisen 여행하다

나는 여기에 주차해도 돼.

✎ _____

✎ _____

hier 여기에
parken 주차하다

내가 그 자동차를 운전해도 돼?

✎ _____

✎ _____

Auto 중 자동차
fahren (타고) 가다

내가 그 파티에 참석해도 돼?

✎ _____

✎ _____

Party 여 파티
besuchen 방문하다

패턴 2

 MP3 050

Du darfst meine Schokolade essen.

너는 내 초콜릿을 먹어도 돼.

 3번 듣고 독일어 따라 써 보기

197

너는 내 초콜릿을 먹어도 돼.

Du darfst meine Schokolade essen.

198

너는 저녁 10시까지 있어도 돼.

Du darfst bis 22 Uhr bleiben.

199

너는 그 자전거를 사용해도 돼.

Du darfst das Fahrrad benutzen.

200

너는 내 책을 빌려가도 돼.

Du darfst meine Bücher ausleihen.

> **TIP** ▶ 독일에서는 대체로 24시간제로 표현을 많이 합니다. 그러나 일상회화에서 12시간제로 말하는 경우
> 도 있습니다.
> 예 um 8 Uhr morgens (아침 8시에), um 9 Uhr abends (저녁 9시에)

128

2인칭 단수 du가 주어일 때, dürfen은 darfst가 됩니다.

단어

너는 내 초콜릿을 먹어도 돼.

✏️ _____

✏️ _____

meine 나의(소유관사,
여성, 단수, 4격)
Schokolade 여 초콜릿
essen 먹다

너는 저녁 10시까지 있어도 돼.

✏️ _____

✏️ _____

bis ~까지
Uhr 여 시, 시계
bleiben 머무르다

너는 그 자전거를 사용해도 돼.

✏️ _____

✏️ _____

Fahrrad 중 자전거
benutzen 사용하다,
이용하다

너는 내 책을 빌려가도 돼.

✏️ _____

✏️ _____

Bücher 책
(Buch의 복수)
ausleihen 빌리다

🎧 MP3 **051**

Er darf in der Bibliothek arbeiten.

그는 그 도서관에서 일해도 돼.

 3번 듣고 독일어 따라 써 보기

그는 그 도서관에서 일해도 돼.

🎧 **201**

Er darf in der Bibliothek arbeiten.

그는 휴가를 가져도 돼.

🎧 **202**

Er darf Urlaub nehmen.

그녀는 아이스크림을 먹어도 돼.

🎧 **203**

Sie darf ein Eis essen.

그녀는 우리집에서 묵어도 돼.

🎧 **204**

Sie darf bei uns übernachten.

3인칭 단수가 주어일 때도 1인칭 단수가 주어일 때의 형태와 같은 **darf**를 사용합니다.

우리말을 독일어로 2번 쓰고 말해 보기

단어

그는 그 도서관에서 일해도 돼.

✎ _____

✎ _____

in ~ 안에
Bibliothek 여 도서관
arbeiten 일하다

그는 휴가를 가져도 돼.

✎ _____

✎ _____

Urlaub 남 휴가
nehmen 취하다, 가지다

그녀는 아이스크림을 먹어도 돼.

✎ _____

✎ _____

Eis 중 아이스크림
essen 먹다

그녀는 우리집에서 묵어도 돼.

✎ _____

✎ _____

bei ~ 옆에, ~ 곁에
uns 인칭대명사 wir의 3격
übernachten 묵다

131

Dürfen wir ins Schwimmbad gehen?

🎧 MP3 052

우리가 수영장에 가도 될까요?

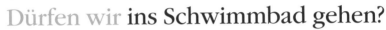 3번 듣고 독일어 따라 써 보기

205

우리가 수영장에 가도 될까요?

Dürfen wir ins Schwimmbad gehen?

206

우리가 그 영화를 봐도 될까요?

Dürfen wir den Film sehen?

207

우리가 그 콘서트에 참석해도 될까요?

Dürfen wir das Konzert besuchen?

208

우리가 그 시험을 다시 봐도 될까요?

Dürfen wir die Prüfung wiederholen?

TIP ▶ wiederholen은 되풀이하거나 반복하는 것을 의미합니다. '시험(Prüfung)'과 함께 쓰이면 재시험 보는 것을 뜻합니다.

주어가 복수일 때 dürfen은 규칙 변화합니다.

단어

우리가 수영장에 가도 될까요?

✎ _____

✎ _____

Schwimmbad 중
수영장
gehen 가다

우리가 그 영화를 봐도 될까요?

✎ _____

✎ _____

Film 남 영화관
sehen 보다

우리가 그 콘서트에 참석해도 될까요?

✎ _____

✎ _____

Konzert 중 콘서트
besuchen 방문하다

우리가 그 시험을 다시 봐도 될까요?

✎ _____

✎ _____

Prüfung 여 시험
wiederholen 반복하다

Ihr dürft die Musik nicht so laut anmachen.

너희는 음악을 그렇게 크게 켜선 안 돼.

 3번 듣고 독일어 따라 써 보기

너희는 음악을 그렇게 크게 켜선 안 돼.

209

Ihr dürft die Musik nicht so laut anmachen.

너희는 그 개를 산책시켜선 안 돼.

210

Ihr dürft den Hund nicht ausführen.

너희는 그 창문을 열어선 안 돼.

211

Ihr dürft das Fenster nicht öffnen.

너희는 더 오래 머물러선 안 돼.

212

Ihr dürft nicht länger bleiben.

TIP ▶ dürfen은 허가를 의미하는 반면, nicht와 함께 쓰이게 되면 금지를 표현하게 됩니다.

134

주어가 2인칭 복수 ihr일 때 dürfen은 규칙 변화하여 dürft가 됩니다.

🔊 우리말을 독일어로 2번 쓰고 말해 보기

단어

너희는 음악을 그렇게 크게 켜선 안 돼.

✎ _____

✎ _____

Musik 여 음악
nicht ~이/가아닌
so 그렇게
laut 시끄러운
anmachen 켜다

너희는 그 개를 산책시켜선 안 돼.

✎ _____

✎ _____

Hund 남 개
ausführen 데리고나가다

너희는 그 창문을 열어선 안 돼.

✎ _____

✎ _____

Fenster 중 창문
öffnen 열다

너희는 더 오래 머물러선 안 돼.

✎ _____

✎ _____

länger 더긴
bleiben 머물다

MP3 054

Hier dürfen Sie rauchen.

당신은 여기서 흡연하셔도 돼요.

 3번 듣고 독일어 따라 써 보기

213

당신은 여기서 흡연하셔도 돼요.

Hier dürfen Sie rauchen.

214

당신은 쉬는 시간을 가지셔도 돼요.

Sie dürfen eine Pause machen.

215

그들은 여기서 사진을 찍어도 돼요.

Sie dürfen hier fotografieren.

216

그들은 그 방을 떠나도 돼요.

Sie dürfen den Raum verlassen.

 TIP ▶ verlassen은 '떠나다', '나가다'의 의미뿐 아니라 '믿다'라는 의미도 가지고 있는 동음이의어입니다.

136

주어가 존칭 Sie나 3인칭 복수 sie일 때 dürfen은 규칙 변화합니다.

🗣️ 우리말을 독일어로 2번 쓰고 말해 보기

단어

당신은 여기서 흡연하셔도 돼요.

✎ _____

✎ _____

hier 여기에
rauchen 흡연하다

당신은 쉬는 시간을 가지셔도 돼요.

✎ _____

✎ _____

Pause (여) 쉼
machen 하다

그들은 여기서 사진을 찍어도 돼요.

✎ _____

✎ _____

hier 여기에
fotografieren 사진을
찍다

그들은 그 방을 떠나도 돼요.

✎ _____

✎ _____

Raum (남) 방, 공간
verlassen 떠나다

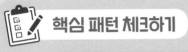

핵심 패턴 체크하기

☑ 중요 독일어 문장을 다시 말하면서 써 보세요.

🔊
내가 그 자동차를 운전해도 돼?

🔊
내가 그 파티에 참석해도 돼?

🔊
너는 저녁 10시까지 있어도 돼.

🔊
너는 내 책을 빌려가도 돼.

🔊
그녀는 우리집에서 묵어도 돼.

🔊
우리가 그 영화를 봐도 될까요?

🔊
우리가 그 시험을 다시 봐도
될까요?

🔊
너희는 음악을 그렇게 크게 켜선
안 돼.

🔊
너희는 그 창문을 열어선 안 돼.

🔊
당신은 쉬는 시간을 가지셔도
돼요.

10

화법조동사 문장 만들기 - sollen

217-240

화법조동사 sollen은 제3자의 지시를 의미(해야 한다고 한다)하거나 제안이나 권장의 의미(하는 게 좋겠다)로 사용합니다. 주어가 단수일 때 불규칙 변화합니다.

🎧 MP3 055

Ich soll früh ins Bett gehen.

나는 일찍 자러 가야 해.

 3번 듣고 독일어 따라 써 보기

217

나는 일찍 자러 가야 해.
Ich soll früh ins Bett gehen.

218

나는 내 숙제를 해야 해.
Ich soll meine Hausaufgaben machen.

219

나는 쇼핑을 가야 해.
Ich soll einkaufen gehen.

220

나는 그 쓰레기를 내놔야 해.
Ich soll den Müll rausbringen.

TIP ▸ sollen은 대화하는 사람들이 아닌 제3자가 '해야 한다'라고 말한 것을 옮겨 왔음을 의미합니다. 또한 'ins Bett gehen'의 직역은 '침대에 들어가다'이지만, 실제적으로는 '자러 가다'를 의미합니다.

1인칭 단수 ich가 주어일 때 sollen은 soll로 형태가 변합니다. müssen과 그 의미가 비슷하여 '해야 한다'로 번역할 수 있으나, 그 내포된 의미(제3자의 지시, 제안 등)가 암시되어 있음을 주의해야 합니다.

🔊 우리말을 독일어로 2번 쓰고 말해 보기

	단어

나는 일찍 자러 가야 해.

✎ _____

✎ _____

früh 이른
Bett (중) 침대
gehen 가다

나는 내 숙제를 해야 해.

✎ _____

✎ _____

meine 나의(소유관사, 복수, 4격)
Hausaufgaben 숙제 (Hausaufgabe의 복수)
machen 하다

나는 쇼핑을 가야 해.

✎ _____

✎ _____

einkaufen 장을 보다, 쇼핑하다
gehen 가다

나는 그 쓰레기를 내놔야 해.

✎ _____

✎ _____

Müll (남) 쓰레기
rausbringen 내놓다

🎧 MP3 056

Du sollst mehr Obst essen.

너는 더 많은 과일을 먹어야 해.

 3번 듣고 독일어 따라 써 보기

🎧 **221**

너는 더 많은 과일을 먹어야 해.
Du sollst mehr Obst essen.

🎧 **222**

너는 시간을 지켜야 해.
Du sollst pünktlich sein.

🎧 **223**

너는 그 창문을 닫아야 해.
Du sollst das Fenster schließen.

🎧 **224**

너는 조심해야 해.
Du sollst aufpassen.

TIP ▶ sollen은 상대에게 제안하거나 권유할 때 사용할 수도 있습니다. '해야 한다'라고 번역할 수도 있고 '하는 게 좋겠다'라고 번역해도 좋습니다.

2인칭 단수 du가 주어일 때 sollen은 sollst가 됩니다.

🔊 우리말을 독일어로 2번 쓰고 말해 보기

너는 더 많은 과일을 먹어야 해.

✎ _____

✎ _____

mehr 더 많은
Obst 중 과일
essen 먹다

너는 시간을 지켜야 해.

✎ _____

✎ _____

pünktlich 정시의

너는 그 창문을 닫아야 해.

✎ _____

✎ _____

Fenster 중 창문
schließen 닫다

너는 조심해야 해.

✎ _____

✎ _____

aufpassen 조심하다

143

🎧 MP3 057

Er soll weniger fernsehen.

그는 텔레비전 시청을 줄여야 해.

 3번 듣고 독일어 따라 써 보기

225

그는 텔레비전 시청을 줄여야 해.

Er soll weniger fernsehen.

226

그는 그 잔디를 깎아야 해.

Er soll den Rasen mähen.

227

그녀는 의사를 찾아가야 해.

Sie soll einen Arzt aufsuchen.

228

그녀는 빨래를 해야 해.

Sie soll die Wäsche waschen.

 TIP ▶ suchen은 '찾다' 또는 '검색하다'라는 넓은 의미를 가지고 있는 반면, aufsuchen은 '찾아가다', '방문하다'라는 뜻을 가지고 있습니다.

3인칭 단수가 주어일 때도 1인칭 단수가 주어일 때의 형태와 같은 **soll**을 사용합니다.

우리말을 독일어로 2번 쓰고 말해 보기

단어

그는 텔레비전 시청을 줄여야 해.

✎ _____

✎ _____

weniger 더 적은
fernsehen 텔레비전을
보다

그는 그 잔디를 깎아야 해.

✎ _____

✎ _____

Rasen 남 잔디
mähen 베다, 깎다

그녀는 의사를 찾아가야 해.

✎ _____

✎ _____

Arzt 남 의사
aufsuchen 방문하다

그녀는 빨래를 해야 해.

✎ _____

✎ _____

Wäsche 여 빨래
waschen 빨다

패턴 4

🎧 MP3 058

Sollen wir zusammen lernen?

우리 함께 공부할까?

3번 듣고 독일어 따라 써 보기

229

✓○○

우리 함께 공부할까?

Sollen wir zusammen lernen?

230

✓○○

우리 더 많이 운동할까?

Sollen wir mehr Sport treiben?

231

✓○○

우리 오늘 저녁에 만날까?

Sollen wir uns heute Abend treffen?

232

✓○○

우리 같이 뭐 좀 마시러 갈까?

Sollen wir zusammen etwas trinken gehen?

TIP

'Sollen wir ~?'는 상대에게 함께 하자는 제안을 의미합니다. 비슷한 표현으로는 6장에서 배운 'Wollen wir ~?'가 있습니다.

주어가 복수일 때 sollen은 규칙 변화합니다. 특히 'Sollen wir ~?'와 같이 사용될 때 '우리 ~할까?', '우리 ~하자'라는 제안의 의미를 갖게 됩니다.

🔊 우리말을 독일어로 2번 쓰고 말해 보기

단어

우리 함께 공부할까?

✏️ _____

✏️ _____

zusammen 함께
lernen 공부하다

우리 더 많이 운동할까?

✏️ _____

✏️ _____

mehr 더많은
Sport 📘 스포츠
treiben 행하다, 몰다

우리 오늘 저녁에 만날까?

✏️ _____

✏️ _____

uns 재귀대명사(1인칭, 복수, 4격)
heute 오늘
Abend 📘 저녁
sich treffen 만나다

우리 같이 뭐 좀 마시러 갈까?

✏️ _____

✏️ _____

etwas 어떤것
trinken 마시다
gehen 가다

147

🎧 MP3 059

Ihr sollt leise sein.

너희는 조용히 해야 해.

 3번 듣고 독일어 따라 써 보기

너희는 조용히 해야 해.
Ihr sollt leise sein.

233

너희는 그 방을 정리해야 해.
Ihr sollt die Zimmer aufräumen.

234

너희는 그 버스를 타야 해.
Ihr sollt den Bus nehmen.

235

너희는 그 규칙을 준수해야 해.
Ihr sollt die Regeln beachten.

236

TIP ▶ Zimmer처럼 단수와 복수가 같은 형태를 취하는 명사들이 많습니다. 예를 들어 'der Fahrer(운전자)'의 복수는 'die Fahrer(운전자들)'입니다.

주어가 2인칭 복수 ihr일 때 sollen은 규칙 변화하여 sollt가 됩니다.

단어

너희는 조용히 해야 해.

🖉 _____

🖉 _____

leise 조용한

너희는 그 방을 정리해야 해.

🖉 _____

🖉 _____

Zimmer (중) 방
aufräumen 정리하다

너희는 그 버스를 타야 해.

🖉 _____

🖉 _____

Bus (남) 버스
nehmen 잡다, 타다

너희는 그 규칙을 준수해야 해.

🖉 _____

🖉 _____

Regeln 규칙
(Regel의 복수)
beachten 준수하다

🎧 MP3 060

Sie sollen mehr Gemüse essen.

당신은 더 많은 채소를 드셔야 해요.

3번 듣고 독일어 따라 써 보기

237

당신은 더 많은 채소를 드셔야 해요.

Sie sollen mehr Gemüse essen.

238

당신은 정중히 하셔야 해요.

Sie sollen höflich sein.

239

그들은 그 티켓을 사야 해요.

Sie sollen die Tickets kaufen.

240

그들은 시간에 맞춰 와야 해요.

Sie sollen pünktlich kommen.

TIP ▶ mehr는 명사를 수식하지만 형용사 어미 변화를 하지 않습니다. 'weniger(더 적은)'도 마찬가지입니다.

주어가 존칭 **Sie**나 3인칭 복수 **sie**일 때 **sollen**은 규칙 변화합니다.

단어

당신은 더 많은 채소를 드셔야 해요.

✎ _____

✎ _____

mehr 더 많은
Gemüse (중) 채소
essen 먹다

당신은 정중히 하셔야 해요.

✎ _____

✎ _____

höflich 정중한

그들은 그 티켓을 사야 해요.

✎ _____

✎ _____

Tickets 티켓
(Ticket의 복수)
kaufen 사다

그들은 시간에 맞춰 와야 해요.

✎ _____

✎ _____

pünktlich 정시의
kommen 오다

☑ 중요 독일어 문장을 다시 말하면서 써 보세요.

🔊
나는 쇼핑을 가야 해.

🔊
나는 그 쓰레기를 내놔야 해.

🔊
너는 조심해야 해.

🔊
그는 그 잔디를 깎아야 해.

🔊
우리 함께 공부할까?

🔊
우리 오늘 저녁에 만날까?

🔊
너희는 그 버스를 타야 해.

🔊
당신은 정중히 하셔야 해요.

🔊
그들은 그 티켓을 사야 해요.

🔊
그들은 시간에 맞춰 와야 해요.

11

분리동사 문장 만들기

241-264

분리동사는 동사에 접두어가 결합되어 만들어지며, 접두어는 문장의 가장 뒤에 위치하게 됩니다.

Ich stehe um 7 Uhr auf.

나는 7시에 일어나.

241

나는 7시에 일어나.
Ich stehe **um 7 Uhr** auf.

242

나는 내 방을 정리해.
Ich räume **mein Zimmer** auf.

나는 그 텔레비전을 켜.
Ich schalte **den Fernseher** ein.

243

나는 빨리 옷을 입어.
Ich ziehe **mich schnell** an.

244

stehen은 '서 있다'인 반면 aufstehen은 '기상하다'라는 의미입니다. 분리동사는 본래의 기본동사
가 가진 의미를 포함하는 경향이 있습니다.

분리동사의 접두어가 문장 가장 뒤에 오는 것은 독일어의 큰 특징이므로 이런 문장 표현 패턴에 익숙해져야 합니다.

🔊 우리말을 독일어로 2번 쓰고 말해 보기

단어

나는 7시에 일어나.

✏️ _____

✏️ _____

um ~시에
Uhr 여 시, 시계
aufstehen 기상하다

나는 내 방을 정리해.

✏️ _____

✏️ _____

Zimmer 중 방
aufräumen 정리하다

나는 그 텔레비전을 켜.

✏️ _____

✏️ _____

Fernseher 남 텔레비전
einschalten 켜다

나는 빨리 옷을 입어.

✏️ _____

✏️ _____

mich 재귀대명사(1인칭, 단수, 4격)
schnell 빠른
sich anziehen (옷을) 입다

🎧 MP3 062

Wann kommst du an?

너는 언제 도착하니?

245
✓○○

너는 언제 도착하니?

Wann kommst du an?

🖉 _____

246
✓○○

너는 어디서 갈아타니?

Wo steigst du um?

🖉 _____

247
✓○○

너는 오늘 좋아 보여.

Heute siehst du **gut** aus.

🖉 _____

248
✓○○

너는 그 가방 좀 챙길래?

Nimmst du **bitte die Tasche** mit?

🖉 _____

TIP ▷ bitte는 명령법뿐 아니라 의문문에서도 부탁을 하는 표현인 경우 사용하기도 합니다.

156

'wann(언제)', 'wo(어디에)' 등의 의문사가 사용될 때 의문사는 문장 가장 앞에 나옵니다.

🗣 우리말을 독일어로 2번 쓰고 말해 보기

| 단어 |

너는 언제 도착하니?

✎ _____

✎ _____

wann 언제
ankommen 도착하다

너는 어디서 갈아타니?

✎ _____

✎ _____

wo 어디에
umsteigen 갈아타다

너는 오늘 좋아 보여.

✎ _____

✎ _____

heute 오늘
gut 좋은
aussehen ~하게보이다

너는 그 가방 좀 챙길래?

✎ _____

✎ _____

bitte 제발
Tasche 여 가방
mitnehmen 챙기다

🎧 MP3 063

Er lädt mich ein.

그는 나를 초대해.

249

그는 나를 초대해.
Er lädt mich ein.

✏

250

그는 그 책을 돌려줘.
Er gibt das Buch zurück.

✏

251

그녀는 자신의 친구에게 전화를 해.
Sie ruft ihre Freundin an.

✏

252

그녀는 늦게 잠에 들어.
Sie schläft spät ein.

✏

TIP ▶ 동사 laden은 불규칙동사 가운데서도 특별하게 변형하니 유의해야 합니다. 즉 'du lädest'나 'er
lädet'가 아닌 'du lädst'와 'er lädt'로 변형됩니다.

3인칭 단수에서도 분리동사의 접두어는 문장 가장 끝에 위치합니다.

우리말을 독일어로 2번 쓰고 말해 보기

단어

그는 나를 초대해.

🖉 _____

🖉 _____

mich 인칭대명사 ich의 4격
einladen 초대하다

그는 그 책을 돌려줘.

🖉 _____

🖉 _____

Buch 중 책
zurückgeben 돌려주다

그녀는 자신의 친구에게 전화를 해.

🖉 _____

🖉 _____

ihre 그녀의(소유관사, 여성, 단수, 4격)
Freundin 여 친구
anrufen 전화하다

그녀는 늦게 잠에 들어.

🖉 _____

🖉 _____

spät 늦은
einschlafen 잠에 들다

🎧 MP3 064

Wollen wir im Supermarkt einkaufen?

우리 슈퍼마켓에서 장을 볼까?

 3번 듣고 독일어 따라 써 보기

253

우리 슈퍼마켓에서 장을 볼까?

Wollen wir **im Supermarkt** einkaufen?

254

우리 손님들을 초대할까?

Wollen wir **Gäste** einladen?

255

우리 그 기차를 탈까?

Sollen wir **in den Zug** einsteigen?

256

우리 그 쓰레기를 내놓을까?

Sollen wir **den Müll** rausbringen?

TIP ▶ 'Wollen wir ~?(우리 ~할까?)'는 상대방의 의견에 따라 결정할 수 있는 제안이며, 보다 더 캐주얼한 느낌을 줍니다. 반면 'Sollen wir ~?(우리 ~할까?)'는 상대방에게 일종의 책임이나 의무를 느끼도록 유도하는 뉘앙스가 있습니다.

분리동사가 화법조동사와 함께 사용되는 경우 분리동사는 접두어와 결합된 동사원형으로 문장 제일 뒤에 위치하게 됩니다.

🔊 우리말을 독일어로 2번 쓰고 말해 보기

| 단어 |

우리 슈퍼마켓에서 장을 볼까?

✎ _____

✎ _____

Supermarkt 🔵 슈퍼마켓
einkaufen 장보다, 쇼핑하다

우리 손님들을 초대할까?

✎ _____

✎ _____

Gäste 손님
(Gast의 복수)
einladen 초대하다

우리 그 기차를 탈까?

✎ _____

✎ _____

Zug 🔵 기차
einsteigen 타다

우리 그 쓰레기를 내놓을까?

✎ _____

✎ _____

Müll 🔵 쓰레기
rausbringen 내놓다

Schickt ihr die E-Mail ab?

너희 그 이메일을 보낼 거니?

MP3 065

3번 듣고 독일어 따라 써 보기

257

너희 그 이메일을 보낼 거니?

Schickt ihr die E-Mail ab?

258

너희 그 창문을 열어 줄래?

Macht ihr das Fenster auf?

259

너희 따뜻하게 옷 갈아입을래?

Zieht ihr euch warm um?

260

너희 그 춤 수업에 등록할 거니?

Meldet ihr euch für den Tanzkurs an?

TIP

"Zieht ihr euch warm um?"과 유사한 표현으로는 "Zieht ihr euch etwas Warmes an?"이 있습니다. etwas 뒤에 형용사를 대문자로 바꾸고 es를 어미에 붙여 '~한 것'이란 의미를 만들 수 있습니다.

162

분리동사는 접두어에 강세가 있으며 접두어의 의미를 분리동사가 취하여 특정한 뜻을 가지게 됩니다.

🔊 **우리말을 독일어로 2번 쓰고 말해 보기**

단어

너희 그 이메일을 보낼 거니?

✎ _____

E-Mail 여 이메일
abschicken 보내다

✎ _____

너희 그 창문을 열어 줄래?

✎ _____

Fenster 중 창문
aufmachen 열다

✎ _____

너희 따뜻하게 옷 갈아입을래?

✎ _____

euch 재귀대명사(2인칭, 복수, 4격)
warm 따뜻한
sich umziehen 갈아 입다

✎ _____

너희 그 춤 수업에 등록할 거니?

✎ _____

für ~에 대하여
Tanzkurs 남 춤 수업
sich anmelden 등록 하다

✎ _____

Machen Sie die Tür auf?

당신이 그 문을 열어 주실래요?

 3번 듣고 독일어 따라 써 보기

261

당신이 그 문을 열어 주실래요?

Machen Sie **die Tür** auf?

262

당신이 그 문을 닫아 주실래요?

Machen Sie **die Tür** zu?

263

그들은 그 불을 켜요.

Sie schalten **das Licht** ein.

264

그들은 그 불을 꺼요.

Sie schalten **das Licht** aus.

TIP 접두어에 따라 반대되는 의미를 갖는 다양한 표현들을 많이 알아 두세요.
예 einsteigen (타다), aussteigen (내리다)

분리동사는 접두어에 따라 그 의미가 다를 수 있으므로 접두어를 정확히 사용해야 합니다.

🔊 우리말을 독일어로 2번 쓰고 말해 보기

당신이 그 문을 열어 주실래요?

✏️ _____

✏️ _____

Tür (여) 문
aufmachen 열다

당신이 그 문을 닫아 주실래요?

✏️ _____

✏️ _____

zumachen 닫다

그들은 그 불을 켜요.

✏️ _____

✏️ _____

Licht (중) 불, 빛
einschalten 켜다

그들은 그 불을 꺼요.

✏️ _____

✏️ _____

ausschalten 끄다

165

핵심 패턴 체크하기

☑ 중요 독일어 문장을 다시 말하면서 써 보세요.

🔊
나는 7시에 일어나.

🔊
너는 언제 도착하니?

🔊
너는 오늘 좋아 보여.

🔊
그는 그 책을 돌려줘.

🔊
우리 슈퍼마켓에서 장을 볼까?

🔊
우리 손님들을 초대할까?

🔊
너희 그 이메일을 보낼 거니?

🔊
너희 그 춤 수업에 등록할 거니?

🔊
당신이 그 문을 열어 주실래요?

🔊
그들은 그 불을 꺼요.

12

현재완료
문장 만들기 (1)

현재완료형은 haben과 과거분사의 결합으로 만들어집니다. 문장 안에서는 과거분사가 문장의 가장 끝에 위치합니다.

🎧 MP3 067

Ich habe gestern gekocht.

나는 어제 요리했어.

 3번 듣고 독일어 따라 써 보기

나는 어제 요리했어.

🎧
265

Ich habe gestern gekocht.

나는 내 친구와 춤췄어.

🎧
266

Ich habe mit meinem Freund getanzt.

나는 오늘 열심히 일했어.

🎧
267

Ich habe heute hart gearbeitet.

나는 잠자기 위해 누웠어.

🎧
268

Ich habe mich zum Schlafen hingelegt.

TIP 'zu + 명사'는 '~하기 위해'라는 목적을 표현하기도 합니다.

과거분사의 규칙 변화 형태는 동사 어간 앞에 ge를, 동사 어간의 뒤에 t를 붙여 만듭니다. 예를 들어, 동사 kochen의 경우, 어간 koch 앞에 ge를, 뒤에 t를 붙여 과거분사형인 gekocht가 됩니다.

우리말을 독일어로 2번 쓰고 말해 보기

단어

나는 어제 요리했어.

🖉 _____

🖉 _____

gestern 어제
gekocht 'kochen(요리하다)'의 과거분사

나는 내 친구와 춤췄어.

🖉 _____

🖉 _____

mit ~와/과 함께
meinem 나의(소유관사, 남성, 단수, 3격)
Freund (남) 친구
getanzt 'tanzen(춤추다)'의 과거분사

나는 오늘 열심히 일했어.

🖉 _____

🖉 _____

heute 오늘
hart 힘든, 고된
gearbeitet 'arbeiten(일하다)'의 과거분사

나는 잠자기 위해 누웠어.

🖉 _____

🖉 _____

zu ~하기 위해
Schlafen (중) 잠자기
hingelegt 'hinlegen(눕다)'의 과거분사
sich hinlegen 잠자리에 들다

Wo hast du denn gespielt?

🎧 MP3 068

너는 대체 어디에서 놀았니?

3번 듣고 독일어 따라 써 보기

너는 대체 어디에서 놀았니?

Wo hast du denn gespielt?

🎧 269

너는 왜 그렇게 크게 웃었니?

Warum hast du so laut gelacht?

🎧 270

너는 그걸 어떻게 했니?

Wie hast du das gemacht?

🎧 271

너는 그걸 왜 이야기했니?

Warum hast du das erzählt?

🎧 272

TIP denn은 일종의 불변화사로, 문장 내 뉘앙스를 바꿔 주는 역할을 합니다. 불변화사는 한국어로 번역하기 까다로운 독일어만의 특유한 낱말입니다. denn은 주로 의문문 안에서 사용되며 놀라움이나 궁금증에 대한 반응을 나타내기 위해 사용합니다.

의문사과 함께 사용되는 현재완료형 의문문에서 의문사는 문장 가장 앞에 위치합니다.

🔊 우리말을 독일어로 2번 쓰고 말해 보기

너는 대체 어디에서 놀았니?

✏ _____

✏ _____

너는 왜 그렇게 크게 웃었니?

✏ _____

✏ _____

너는 그걸 어떻게 했니?

✏ _____

✏ _____

너는 그걸 왜 이야기했니?

✏ _____

✏ _____

171

Er hat ein Buch gelesen.

🎧 MP3 069

그는 책을 읽었어.

273
✓○○

그는 책을 읽었어.
Er hat **ein Buch** gelesen.

✎

274
✓○○

그는 독일 노래를 불렀어.
Er hat **ein deutsches Lied** gesungen.

✎

275
✓○○

그녀는 편지를 썼어.
Sie hat **einen Brief** geschrieben.

✎

276
✓○○

그녀는 잘 잤어.
Sie hat **gut** geschlafen.

✎

TIP ▶ deutsch는 형용사로 '독일의', '독일어의', '독일 사람들의' 등의 의미로 모두 사용할 수 있습니다.

과거분사에도 불규칙 형태가 있습니다. 어간의 앞에 **ge**를 붙이고 어간의 뒤에는 **en**을 붙입니다. 또한 어간 자체가 불규칙적으로 변형되기도 합니다.

🔊 우리말을 독일어로 2번 쓰고 말해 보기 　　　　단어

그는 책을 읽었어.

✎ _____

✎ _____

Buch 중 책
gelesen 'lesen(읽다)'의
과거분사

그는 독일 노래를 불렀어.

✎ _____

✎ _____

deutsches 독일의
(deutsch의 형용사 어미 변화)
Lied 중 노래
gesungen 'singen(노래하다)'의 과거분사

그녀는 편지를 썼어.

✎ _____

✎ _____

Brief 남 편지
geschrieben 'schreiben
(쓰다)'의 과거분사

그녀는 잘 잤어.

✎ _____

✎ _____

gut 좋은
geschlafen 'schlafen
(자다)'의 과거분사

🎧 MP3 **070**

Wir haben das Projekt angefangen.

우리는 그 프로젝트를 시작했어.

🔊 **3번 듣고 독일어 따라 써 보기**

277

우리는 그 프로젝트를 시작했어.

Wir haben **das Projekt** angefangen.

278

우리는 슈퍼마켓에서 장을 봤어.

Wir haben **im Supermarkt** eingekauft.

279

우리가 그녀에게 화요일에 전화했나?

Haben wir **sie am Dienstag** angerufen?

280

우리는 라우렌스의 말을 집중해서 들었어.

Wir haben **Laurens aufmerksam** zugehört.

 TIP ▶ zuhören은 3격과 결합하여 '~의 말을 경청하다'라는 의미를 갖습니다.

분리동사를 과거분사로 표현할 때는 접두어와 어간 사이에 **ge**를 위치시켜야 합니다.

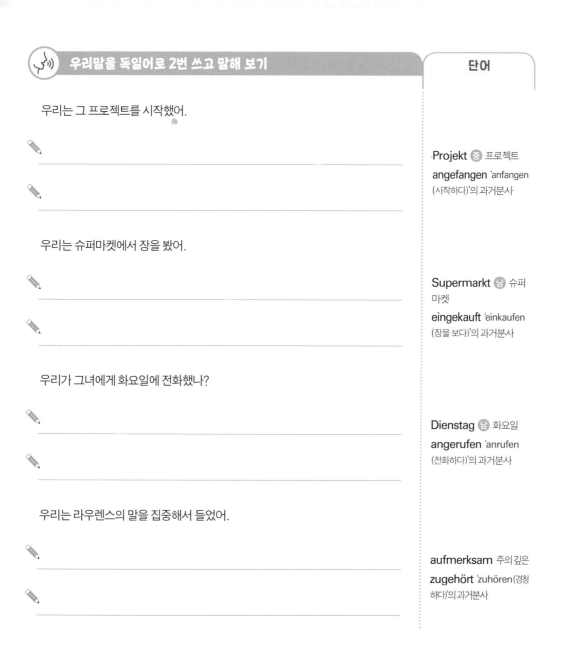

우리말을 독일어로 2번 쓰고 말해 보기

단어

우리는 그 프로젝트를 시작했어.

✐ _____

✐ _____

Projekt (중) 프로젝트
angefangen 'anfangen
(시작하다)'의 과거분사

우리는 슈퍼마켓에서 장을 봤어.

✐ _____

✐ _____

Supermarkt (남) 슈퍼
마켓
eingekauft 'einkaufen
(장을 보다)'의 과거분사

우리가 그녀에게 화요일에 전화했나?

✐ _____

✐ _____

Dienstag (남) 화요일
angerufen 'anrufen
(전화하다)'의 과거분사

우리는 라우렌스의 말을 집중해서 들었어.

✐ _____

✐ _____

aufmerksam 주의깊은
zugehört 'zuhören(경청
하다)'의과거분사

🎧 MP3 071

Habt ihr den koreanischen Film gesehen?

너희는 그 한국 영화 봤니?

🎧 3번 듣고 독일어 따라 써 보기

너희는 그 한국 영화 봤니?

281

Habt ihr **den koreanischen Film** gesehen?

너희는 그거 엄청 잘했어.

282

Ihr habt **das super** gemacht.

너희는 무엇에 대해 서로 이야기했니?

283

Worüber habt ihr **miteinander** gesprochen?

너희는 이미 그 여행을 계획했니?

284

Habt ihr **die Reise schon** geplant?

TIP

worüber는 was와 über가 결합된 의문사로, '무엇에 관하여'를 의미합니다. 이와 같이 was는 전치사와 결합해 새로운 의문사를 만들기도 합니다.

과거분사는 첫음절인 ge에 강세를 두어서는 안 됩니다. 강세가 ge에 없다 보니 때로는 ge가 잘 들리지 않기도 합니다.

🔊 **우리말을 독일어로 2번 쓰고 말해 보기**

단어

너희는 그 한국 영화 봤니?

✎ _____

✎ _____

koreanischen 한국의
(koreanisch의 형용사 어미 변화)
Film (남) 영화
gesehen 'sehen(보다)' 의 과거분사

너희는 그거 엄청 잘했어.

✎ _____

✎ _____

das 지시대명사(중성, 단수, 4격)
super 엄청나게
gemacht 'machen (하다)'의 과거분사

너희는 무엇에 대해 서로 이야기했니?

✎ _____

✎ _____

worüber 무엇에 대해
miteinander 서로
gesprochen 'sprechen (이야기하다)'의 과거분사

너희는 이미 그 여행을 계획했니?

✎ _____

✎ _____

Reise (여) 여행
schon 이미
geplant 'planen(계획 하다)'의 과거분사

177

🎧 MP3 072

Haben Sie die Nachricht erhalten?

당신은 그 메시지를 받으셨나요?

 3번 듣고 독일어 따라 써 보기

🎧 **285**
✓◯◯

당신은 그 메시지를 받으셨나요?

Haben Sie **die Nachricht** erhalten?

🎧 **286**
✓◯◯

당신은 벌써 그녀의 답장을 받으셨나요?

Haben Sie **schon ihre Antwort** bekommen?

🎧 **287**
✓◯◯

그들은 린의 집을 방문했어요.

Sie haben **Lynns Haus** besucht.

🎧 **288**
✓◯◯

그들은 드디어 그 경기를 이겼어요.

Sie haben **endlich das Spiel** gewonnen.

TIP ▶ 사람 이름 뒤에 s를 붙여 명사를 수식할 수 있습니다.
🔊 Damians Fahrrad (다미안의 자전거)

분리동사와 달리 접두어가 분리되지 않는 동사를 비분리동사라고 합니다. 비분리동사의 과거분사에는 **ge**를 붙이지 않습니다. 예를 들어, **bekommen**의 경우 **kommen** 앞에 붙은 접두어 **be**는 동사의 어간과 분리될 수 없습니다.

🗣️ 우리말을 독일어로 2번 쓰고 말해 보기

<table>
<tr><td></td><td>단어</td></tr>
</table>

당신은 그 메시지를 받으셨나요?

✎ _____

✎ _____

Nachricht 여 메시지, 소식
erhalten 'erhalten(받다)' 의 과거분사

당신은 벌써 그녀의 답장을 받으셨나요?

✎ _____

✎ _____

schon 이미
ihre 그녀의(소유관사, 여성, 단수, 4격)
Antwort 여 답장, 대답
bekommen 'bekommen (받다)'의 과거분사

그들은 린의 집을 방문했어요.

✎ _____

✎ _____

Haus 중 집
besucht 'besuchen(방문하다)'의 과거분사

그들은 드디어 그 경기를 이겼어요.

✎ _____

✎ _____

endlich 드디어
Spiel 중 경기, 게임
gewonnen 'gewinnen (이기다)'의 과거분사

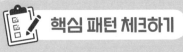

핵심 패턴 체크하기

☑ 중요 독일어 문장을 다시 말하면서 써 보세요.

🔊
나는 내 친구와 춤췄어.

🔊
나는 잠자기 위해 누웠어.

🔊
너는 그걸 어떻게 했니?

🔊
그는 독일 노래를 불렀어.

🔊
우리가 그녀에게 화요일에
전화했나?

🔊
너희는 그 한국 영화 봤니?

🔊
너희는 그거 엄청 잘했어.

🔊
너희는 이미 그 여행을 계획했니?

🔊
당신은 그 메시지를 받으셨나요?

🔊
그들은 드디어 그 경기를
이겼어요.

현재완료
문장 만들기 (2)

289-312

장소의 이동이나 상태의 변화를 나타내는 동사는 현재완료형이 될 때 sein과 해당 동사의 과거분사가 결합하여 만들어집니다. 문장 안에서는 과거분사가 문장의 가장 끝에 위치합니다.

🎧 MP3 073

Ich bin zur Schule gegangen.

나는 학교에 갔어.

🎧 3번 듣고 독일어 따라 써 보기

289

나는 학교에 갔어.
Ich bin **zur Schule** gegangen.

290

나는 집에 갔어.
Ich bin **nach Hause** gefahren.

291

나는 금요일에 한국에 갔어.
Am Freitag bin ich **nach Korea** geflogen.

292

나는 놀이터로 뛰어갔어.
Ich bin **zum Spielplatz** gelaufen.

TIP ▶ sein 동사와 결합해 현재완료형을 만드는 동사들의 경우 불규칙 변화 동사가 많습니다.

장소의 이동을 표현하는 gehen, fahren, fliegen, laufen 등은 sein 동사와 결합해 현재완료형을 만듭니다.

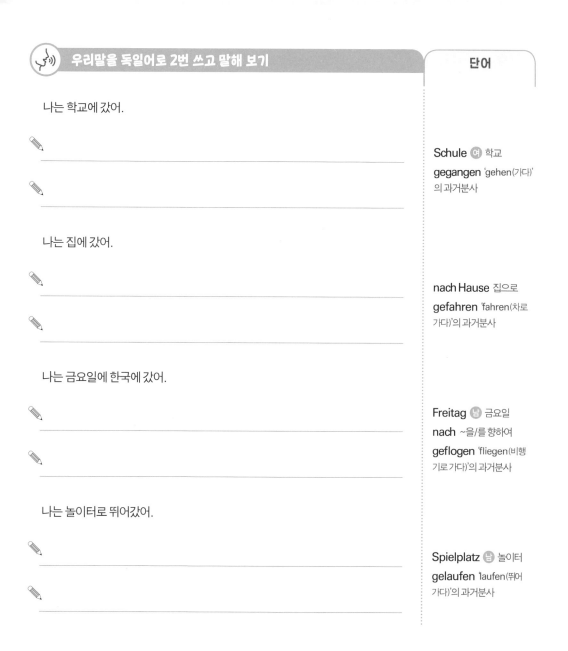

🔊 우리말을 독일어로 2번 쓰고 말해 보기

단어

나는 학교에 갔어.

✏️ _____

✏️ _____

Schule 여 학교
gegangen 'gehen(가다)'
의 과거분사

나는 집에 갔어.

✏️ _____

✏️ _____

nach Hause 집으로
gefahren 'fahren(차로
가다)'의 과거분사

나는 금요일에 한국에 갔어.

✏️ _____

✏️ _____

Freitag 남 금요일
nach ~을/를 향하여
geflogen 'fliegen(비행
기로 가다)'의 과거분사

나는 놀이터로 뛰어갔어.

✏️ _____

✏️ _____

Spielplatz 남 놀이터
gelaufen 'laufen(뛰어
가다)'의 과거분사

🎧 MP3 074

Bist du gestern Abend ausgegangen?

너는 어제 저녁에 외출했니?

🔊 **3번 듣고 독일어 따라 써 보기**

🎧
293

✏️

너는 어제 저녁에 외출했니?
Bist du gestern Abend ausgegangen?

🎧
294

✏️

너는 오늘 일찍 출발했니?
Bist du heute früh losgefahren?

🎧
295
✏️

너는 쾰른으로 이사 갔니?
Bist du nach Köln umgezogen?

🎧
296

✏️

너는 언제 본에 도착했니?
Wann bist du in Bonn angekommen?

TIP ▶ aufwachen과 aufstehen 모두 잠에서 깨는 것을 의미하지만, aufwachen은 '눈을 뜨는 것'을 가리키며 aufstehen은 '완전히 기상해 일어나는 것'을 의미합니다. 물론 aufstehen은 '(의자에서) 일어나다'를 의미할 수도 있습니다.

분리동사를 과거분사로 표현할 때는 접두어와 어간 사이에 **ge**를 위치시켜야 합니다.

단어

너는 어제 저녁에 외출했니?

✎ _____

✎ _____

너는 오늘 일찍 출발했니?

✎ _____

✎ _____

너는 쾰른으로 이사 갔니?

✎ _____

✎ _____

너는 언제 본에 도착했니?

✎ _____

✎ _____

185

🎧 MP3 075

Ist er Morgen früh aufgewacht?

그는 아침 일찍 깼어?

 3번 듣고 독일어 따라 써 보기

🎧 **297**
✓○○

그는 아침 일찍 깼어?
Ist er **Morgen früh** aufgewacht?

🎧 **298**
✓○○

그는 언제 기상했어?
Wann ist er aufgestanden?

🎧 **299**
✓○○

그녀는 어제 18살이 되었어.
Sie ist **gestern 18** geworden.

🎧 **300**
✓○○

그녀는 작은 집에서 자랐어.
Sie ist **in einer kleinen Wohnung** aufgewachsen.

TIP ▷ aufwachsen은 'wachsen(자라다)'와 의미는 유사하지만, 어떤 환경에서 자랐는지 뉘앙스를 담고자
할 때는 aufwachsen이 더 적절합니다.

상태의 변화를 나타내는 aufwachen, aufstehen, werden, aufwachsen 등은 sein 동사와 결합해 현재 완료형을 만듭니다.

🔊 우리말을 독일어로 2번 쓰고 말해 보기

	단어

그는 아침 일찍 깼어?

✏️ _____

✏️ _____

Morgen 🔵 아침
früh 이른
aufgewacht
'aufwachen(깨어나다)'의
과거분사

그는 언제 기상했어?

✏️ _____

✏️ _____

wann 언제
aufgestanden
'aufstehen(기상하다)'의
과거분사

그녀는 어제 18살이 되었어.

✏️ _____

✏️ _____

gestern 어제
geworden 'werden
(되다)'의 과거분사

그녀는 작은 집에서 자랐어.

✏️ _____

✏️ _____

kleinen 작은
(klein의 형용사 어미 변화)
Wohnung 🔴 집
aufgewachsen
'aufwachsen(자라다)'의
과거분사

Letztes Jahr sind wir zusammen gewandert.

작년에 우리는 함께 등산했어.

 3번 듣고 독일어 따라 써 보기

🎧
301

작년에 우리는 함께 등산했어.

Letztes Jahr sind wir zusammen gewandert.

🎧
302

지난달에 우리는 식당에 갔어.

Letzten Monat sind wir ins Restaurant gegangen.

🎧
303

지난주에 우리는 휴가를 갔어.

Letzte Woche sind wir in den Urlaub geflogen.

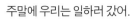
🎧
304

주말에 우리는 일하러 갔어.

Am Wochenende sind wir zur Arbeit gefahren.

 TIP ▶ 시간구문(letztes Jahr 등)의 경우 명사구임에도 불구하고 전치사 없이 구성하는 경우가 많습니다. 즉, 시간구문을 목적어나 주어로 이해하지 않도록 주의해야 합니다.

시간을 표현하는 구문 등을 문장 요소 중 첫 번째에 위치시키면 주어는 동사 뒤에 위치하게 됩니다.

우리말을 독일어로 2번 쓰고 말해 보기

작년에 우리는 함께 등산했어.

🖊️ _____

🖊️ _____

letztes 바로 전의
(letzt-의 형용사 어미 변화)
Jahr 중 연, 해
zusammen 함께
gewandert 'wandern
(등산하다, 도보 여행하다)'의
과거분사

지난달에 우리는 식당에 갔어.

🖊️ _____

🖊️ _____

지난주에 우리는 휴가를 갔어.

🖊️ _____

🖊️ _____

주말에 우리는 일하러 갔어.

🖊️ _____

🖊️ _____

Seid ihr zu Hause geblieben?

너희는 집에 있었니?

 3번 듣고 독일어 따라 써 보기

305
너희는 집에 있었니?
Seid ihr zu Hause geblieben?

306
너희는 어제 파티에 있었니?
Seid ihr gestern auf der Party gewesen?

307
너희는 공원으로 산책하러 갔니?
Seid ihr in den Park spazieren gegangen?

308
너희는 그제 은행에 갔니?
Seid ihr vorgestern zur Bank gefahren?

TIP sein 동사의 현재완료형 'sein + gewesen'보다는 과거형인 war를 더 자주 사용합니다.
Wart ihr gestern auf der Party? (너희는 파티에 있었니?)

장소의 이동, 상태의 변화 말고도 sein 동사나 bleiben 동사의 경우 sein과 결합해 현재완료형을 만듭니다.

우리말을 독일어로 2번 쓰고 말해 보기

단어

너희는 집에 있었니?

✎ _____

✎ _____

zu Hause 집에
geblieben 'bleiben
(머물다)'의 과거분사

너희는 어제 파티에 있었니?

✎ _____

✎ _____

gestern 어제
auf ~(위)에
Party (여) 파티
gewesen 'sein(있다)'의
과거분사

너희는 공원으로 산책하러 갔니?

✎ _____

✎ _____

in ~안으로
Park (남) 공원
spazieren 산책하다
gegangen 'gehen(가다)'
의 과거분사

너희는 그제 은행에 갔니?

✎ _____

✎ _____

vorgestern 그제
Bank (여) 은행
gefahren 'fahren(차로
가다)'의 과거분사

191

패턴 6

🎧 MP3 078

Sind Sie mit dem Bus gereist?

당신은 버스를 타고 여행하셨나요?

 3번 듣고 독일어 따라 써 보기

 309

당신은 버스를 타고 여행하셨나요?

Sind Sie **mit dem Bus** gereist?

_____

 310

당신은 기차를 타고 가셨나요?

Sind Sie **mit dem Zug** gefahren?

_____

 311

그들은 비행기를 타고 갔어요.

Sie sind **mit dem Flugzeug** geflogen.

_____

 312

그들은 차를 타고 학교에 갔어요.

Sie sind **mit dem Auto zur Schule** gefahren.

_____

TIP

fliegen은 '비행기를 타고 가다'라는 의미가 이미 담겨 있고, fahren은 '자동차나 버스 등을 타고 가다'라는 의미가 이미 내포되어 있습니다. 참고로 gehen은 걸어가는 것뿐 아니라 모든 것을 포괄하여 '가다'의 의미로 사용될 수 있습니다.

교통수단을 활용한 구문을 만들 때 전치사 mit를 자주 사용합니다. '~을/를 타고'의 의미를 갖습니다.

우리말을 독일어로 2번 쓰고 말해 보기

단어

당신은 버스를 타고 여행하셨나요?

✎ _____

✎ _____

mit ~을/를 타고
Bus (남) 버스
gereist 'reisen(여행하다)'
의 과거분사

당신은 기차를 타고 가셨나요?

✎ _____

✎ _____

Zug (남) 기차
gefahren 'fahren(차로
가다)'의 과거분사

그들은 비행기를 타고 갔어요.

✎ _____

✎ _____

Flugzeug (중) 비행기
geflogen 'fliegen(비행
기로 가다)'의 과거분사

그들은 차를 타고 학교에 갔어요.

✎ _____

✎ _____

Auto (중) 자동차
Schule (여) 학교

핵심 패턴 체크하기

☑ 중요 독일어 문장을 다시 말하면서 써 보세요.

🔊
나는 금요일에 한국에 갔어.

🔊
나는 놀이터로 뛰어갔어.

🔊
너는 오늘 일찍 출발했니?

🔊
너는 언제 본에 도착했니?

🔊
그는 언제 기상했어?

🔊
지난달에 우리는 식당에 갔어.

🔊
주말에 우리는 일하러 갔어.

🔊
너희는 공원으로 산책하러 갔니?

🔊
당신은 버스를 타고
여행하셨나요?

🔊
그들은 비행기를 타고 갔어요.

KAPITEL

14

명령법 문장 만들기

313-336

명령법은 du에게 명령할 때 주어를 생략한 채 동사의 어간만 사용하며, ihr에게 명령할 때는 주어를 생략하고, Sie에게 명령할 때는 동사와 주어의 위치가 바뀌어 표현됩니다.

패턴 1

Geh nach Hause!

🎧 MP3 079

집에 가!

 3번 듣고 독일어 따라 써 보기

313

집에 가!

Geh nach Hause!

314

편지를 써!

Schreib einen Brief!

315

경찰을 불러!

Ruf die Polizei!

316

네 카드로 계산해!

Zahl mit deiner Karte!

 TIP ▶ 명령법(Imperativ)은 강제적 이행만을 표현하는 것은 아니고 부탁이나 청원을 할 때도 사용할 수 있습니다.

196

du에 대한 명령문은 주어를 생략하고 동사의 어미를 떼고 표현합니다.

단어

집에 가!

✏️ _____

✏️ _____

geh 'gehen(가다)'의 du
명령법
nach Hause 집으로

편지를 써!

✏️ _____

✏️ _____

schreib 'schreiben(쓰다)'
의 du 명령법
Brief 남 편지

경찰을 불러!

✏️ _____

✏️ _____

ruf 'rufen(부르다)'의 du
명령법
Polizei 여 경찰

네 카드로 계산해!

✏️ _____

✏️ _____

zahl 'zahlen(계산하다)'의
du 명령법
mit ~을/를 가지고,
~을/를 통해
deiner 너의(소유관사,
여성, 단수, 3격)
Karte 여 카드

197

패턴
2

Öffnet das Fenster!

그 창문을 열어!

3번 듣고 독일어 따라 써 보기

🎧 **317**

그 창문을 열어!
Öffnet das Fenster!

🎧 **318**

더 빨리 뛰어!
Lauft schneller!

🎧 **319**

그 소파에 앉아!
Setzt euch auf das Sofa!

🎧 **320**

열심히 독일어를 배워!
Lernt fleißig Deutsch!

TIP ▶ 명령법 뒤에 반드시 느낌표를 붙이지 않고 마침표로 표현하기도 합니다.

198

ihr에 대한 명령문은 주어만 생략하여 표현합니다.

그 창문을 열어!

✎ _____

✎ _____

öffnet 'öffnen(열다)'의
ihr 명령법
Fenster 중 창문

더 빨리 뛰어!

✎ _____

✎ _____

lauft 'laufen(뛰다)'의 ihr
명령법
schneller 더 빨리

그 소파에 앉아!

✎ _____

✎ _____

setzt 'setzen'의 ihr 명령법
sich setzen 앉다
euch 재귀대명사(2인칭,
복수, 4격)
auf ~ 위로
Sofa 중 소파

열심히 독일어를 배워!

✎ _____

✎ _____

lernt 'lernen(배우다)'의
ihr 명령법
fleißig 열심히
Deutsch 중 독일어

199

Sprechen Sie mit mir Deutsch!

저랑 독일어로 대화하세요!

🎧 3번 듣고 독일어 따라 써 보기

321

저랑 독일어로 대화하세요!
Sprechen Sie mit mir Deutsch!

322

사전을 구입하세요!
Kaufen Sie ein Wörterbuch!

323

그 그릇을 씻으세요!
Waschen Sie das Geschirr!

324

당신의 창문을 닦으세요!
Putzen Sie Ihr Fenster!

> **TIP** 명령문은 자칫 강압적인 느낌을 줄 수 있기 때문에 부탁을 하려면 bitte를 넣는 것이 좋습니다. bitte는 문장 앞이나 가장 뒤, 혹은 문장 중간에 들어가기도 합니다.

존칭 Sie에 대한 명령문은 마치 의문문처럼 주어와 동사의 위치를 바꿔 표현합니다.

단어

저랑 독일어로 대화하세요!

🖎 _____

🖎 _____

Sprechen Sie
'sprechen(말하다)'의 Sie
명령법
mit ~와/과 함께
mir 인칭대명사 ich의 3격
Deutsch 중 독일어

사전을 구입하세요!

🖎 _____

🖎 _____

Kaufen Sie 'kaufen
(사다)'의 Sie 명령법
Wörterbuch 중 사전

그 그릇을 씻으세요!

🖎 _____

🖎 _____

Waschen Sie
'waschen(씻다)'의 Sie
명령법
Geschirr 중 그릇

당신의 창문을 닦으세요!

🖎 _____

🖎 _____

Putzen Sie 'putzen
(닦다)'의 Sie 명령법
Ihr 당신의(소유관사, 중성,
단수, 4격)
Fenster 중 창문

201

🎧 MP3 082

Lies das Buch!

그 책을 읽어!

 3번 듣고 독일어 따라 써 보기

325

그 책을 읽어!

Lies das Buch!

326

네 채소를 먹어!

Iss dein Gemüse!

327

택시를 타고 가!

Fahr mit dem Taxi!

328

그가 청소하는 것을 도와줘!

Hilf ihm beim Putzen!

TIP ▶ helfen 동사의 경우 전치사 bei를 이용해 도움의 내용을 표현합니다.

현재형에서 불규칙으로 변하는 동사의 경우, 불규칙 변화한 동사의 어간을 그대로 사용해 명령문을 표현합니다. 단, 현재형에서 변모음(Umlaut)을 붙여 불규칙 변화한 동사의 경우, 명령문에서는 변모음을 하지 않고 명령문을 만듭니다. 예를 들면, "Du fährst mit dem Taxi."를 "Fahr mit dem Taxi!"와 같이 쓸 수 있습니다.

🔊 우리말을 독일어로 2번 쓰고 말해 보기

단어

그 책을 읽어!

✎ _____

✎ _____

lies 'lesen(읽다)'의 du 명령법
Buch 중 책

네 채소를 먹어!

✎ _____

✎ _____

iss 'essen(먹다)'의 du 명령법
dein 너의(소유관사, 중성, 단수, 4격)
Gemüse 중 채소

택시를 타고 가!

✎ _____

✎ _____

fahr 'fahren(가다)'의 du 명령법
mit ~을/를 타고
Taxi 중 택시

그가 청소하는 것을 도와줘!

✎ _____

✎ _____

hilf 'helfen(도움을 주다)'의 du 명령법
ihm 그에게
beim ~에 대해 (bei dem의 줄임말)
Putzen 중 청소하기

203

MP3 083

Zieh sofort aus!

당장 이사 나가!

 3번 듣고 독일어 따라 써 보기

 329

당장 이사 나가!
Zieh sofort aus!

🖊 _____

 330

내 휴대전화 돌려줘!
Gib mein Handy zurück!

🖊 _____

331

그 우산을 챙겨 가!
Nimm den Regenschirm mit!

 🖊 _____

 332

나한테 물 한잔 가져다줘!
Bring mir ein Glas Wasser mit!

🖊 _____

TIP ▶ mitnehmen은 물건이나 사람을 '가져가는 것(챙기다)'에 사용되며, mitbringen은 물건이나 사람을 '가져오는 것(가져오다)'에 사용됩니다.

분리동사의 경우, 명령문에서도 마찬가지로 접두어가 문장의 끝에 위치합니다.

🔊 우리말을 독일어로 2번 쓰고 말해 보기

단어

당장 이사 나가!

✎ _____

✎ _____

zieh aus 'ausziehen
(이사나가다)'의 du 명령법
sofort 곧장

내 휴대전화 돌려줘!

✎ _____

✎ _____

gib zurück 'zurückgeben
(돌려주다)'의 du 명령법
mein 나의(소유관사, 중성,
단수, 4격)
Handy (중) 휴대전화

그 우산을 챙겨 가!

✎ _____

✎ _____

nimm mit 'mitnehmen
(챙기다)'의 du 명령법
Regenschirm (남) 우산

나한테 물 한잔 가져다줘!

✎ _____

✎ _____

bring mit 'mitbringen
(가져오다)'의 du 명령법
mir 나에게
Glas (중) 유리컵
Wasser (중) 물

🎧 MP3 084

Schick das doch ab!

이걸 보내 주지 그래!

🔊 **3번 듣고 독일어 따라 써 보기**

🎧 **333**
☑○○

이걸 보내 주지 그래!
Schick das doch ab!

✏ _____

🎧 **334**
☑○○

내일 일찍 일어나지 그래!
Steh doch morgen früh auf!

✏ _____

🎧 **335**
☑○○

한국으로 좀 돌아오지 그래!
Komm doch mal nach Korea zurück!

✏ _____

🎧 **336**
☑○○

제발 그 창문을 열어 줘!
Mach bitte das Fenster auf!

✏ _____

TIP ▷ doch mal과 같이 여러 불변화사를 한번에 연달아 넣어 표현하기도 합니다.

'doch(~하지 그래)', 'mal(좀)', 'bitte(제발)'와 같은 불변화사 등을 명령문에 넣어 뉘앙스를 바꿔 줄 수 있습니다.

🔊 우리말을 독일어로 2번 쓰고 말해 보기

단어

이걸 보내 주지 그래!

✎ _____

✎ _____

schick ab 'abschicken
(보내다)'의 du 명령법
das 지시대명사(중성,
단수, 4격)

내일 일찍 일어나지 그래!

✎ _____

✎ _____

steh auf 'aufstehen
(기상하다)'의 du 명령법
morgen 내일
früh 일찍

한국으로 좀 돌아오지 그래!

✎ _____

✎ _____

komm zurück
'zurückkommen(돌아오다)'
의 du 명령법
nach ~을/를 향하여

제발 그 창문을 열어 줘!

✎ _____

✎ _____

mach auf 'aufmachen
(열다)'의 du 명령법
Fenster 중 창문

핵심 패턴 체크하기

🔊
편지를 써!

🔊
네 카드로 계산해!

🔊
열심히 독일어를 배워!

🔊
저랑 독일어로 대화하세요!

🔊
사전을 구입하세요!

🔊
네 채소를 먹어!

🔊
당장 이사 나가!

🔊
내 휴대전화 돌려줘!

🔊
내일 일찍 일어나지 그래!

🔊
제발 그 창문을 열어 줘!

15

부문장 만들기

337-360

문장은 크게 주문장과 부문장으로 나뉘며, 지금까지 살펴본 것들은 모두 주문장입니다. 주문장과 달리 부문장에서는 동사가 문장의 가장 끝에 옵니다.

패턴 1

Ich glaube, dass er recht hat.

저는 그가 옳다고 생각해요.

3번 듣고 독일어 따라 써 보기

337

저는 그가 옳다고 생각해요.

Ich glaube, dass er recht hat.

338

그녀는 자신이 피곤하다고 말해요.

Sie sagt, dass sie müde ist.

339

그는 그 음식이 맛있다고 생각해요.

Er denkt, dass das Essen lecker ist.

340

저는 그녀가 진실을 말한다고 생각해요.

Ich finde, dass sie die Wahrheit sagt.

TIP ▸ dass 문장과 달리 'ich glaube', 'sie sagt'와 같은 문장은 주문장에 해당되며, 동사는 문장의 두 번째에 위치하게 됩니다.

210

dass는 '~라는 것'을 의미하며 주절이나 목적절 등으로 표현하는 데 사용됩니다. dass 뒤에 사용되는 문장은 부문장으로, 동사가 문장의 가장 뒤에 위치합니다.

🗣️ 우리말을 독일어로 2번 쓰고 말해 보기 | 단어

저는 그가 옳다고 생각해요.

✎ _____

✎ _____

glauben 믿다
recht haben 옳다

그녀는 자신이 피곤하다고 말해요.

✎ _____

✎ _____

sagen 말하다
müde 피곤한, 졸린

그는 그 음식이 맛있다고 생각해요.

✎ _____

✎ _____

denken 생각하다
Essen 중 음식
lecker 맛있는

저는 그녀가 진실을 말한다고 생각해요.

✎ _____

✎ _____

finden 생각하다
Wahrheit 여 진실
sagen 말하다

211

🎧 MP3 086

Dass es funktioniert, ist er sicher.

그것이 작동한다고 그는 확신해요.

 3번 듣고 독일어 따라 써 보기

341

그것이 작동한다고 그는 확신해요.

Dass es funktioniert, ist er sicher.

342

그녀는 자신이 시험에 합격하기를 희망해요.

Dass sie die Prüfung besteht, hofft sie.

343

내일 비가 올 것이라고 우리는 추측해요.

Dass es morgen regnen wird, vermuten wir.

344

그 기차가 정시에 도착한다는 것에 그는 놀라요.

Dass der Zug pünktlich ist, ist er überrascht.

TIP 날씨를 표현할 때는 비인칭 주어 es를 사용합니다. 이때 es는 아무 의미를 갖지 않습니다. 또한 werden은 일반동사의 원형과 함께 쓰여 미래의 일을 말할 수 있습니다.

dass 문장 등 부문장은 주문장 앞에 위치할 수도 있습니다. 이때 주문장의 동사 위치를 주의해야 합니다.

🔊 우리말을 독일어로 2번 쓰고 말해 보기

단어

그것이 작동한다고 그는 확신해요.

✍ _____

✍ _____

funktionieren 작동하다
sicher 확신하는

그녀는 자신이 시험에 합격하기를 희망해요.

✍ _____

✍ _____

Prüfung 여 시험
bestehen 합격하다
hoffen 바라다

내일 비가 올 것이라고 우리는 추측해요.

✍ _____

✍ _____

es 비인칭주어
morgen 내일
regnen 비가 오다
vermuten 추측하다

그 기차가 정시에 도착한다는 것에 그는 놀라요.

✍ _____

✍ _____

Zug 남 기차
pünktlich 정시의
überrascht 놀란

Wenn es regnet, bleibe ich zu Hause.

비가 오면 저는 집에 있을 거예요.

 3번 듣고 독일어 따라 써 보기

🎧
345

비가 오면 저는 집에 있을 거예요.
Wenn es regnet, bleibe ich zu Hause.

🎧
346

저는 배고프면 뭔가 먹어요.
Wenn ich Hunger habe, esse ich etwas.

🎧
347

우리는 시간이 있으면 영화관에 갈 거예요.
Wenn wir Zeit haben, gehen wir ins Kino.

🎧
348

네가 도움이 필요하면 내게 전화해요.
Wenn du Hilfe brauchst, ruf mich an.

TIP ▶ wenn 문장은 조건문이기 때문에 주문장에 명령법이 등장하기도 합니다(~한다면 ~해라).

wenn 문장 역시 부문장으로, '~할 때', '~한다면' 등의 의미로 사용됩니다.

🔊 우리말을 독일어로 2번 쓰고 말해 보기

단어

비가 오면 저는 집에 있을 거예요.

✏️ _____

✏️ _____

es 비인칭주어
regnen 비가 오다
bleiben 머물다
zu Hause 집에

난 배고프면 뭔가 먹어요.

✏️ _____

✏️ _____

Hunger 🔵남 배고픔
essen 먹다
etwas 어떤것

우리는 시간이 있으면 영화관에 갈 거예요.

✏️ _____

✏️ _____

Zeit 🔵여 시간
gehen 가다
Kino 🔵중 영화관

네가 도움이 필요하면 내게 전화해요.

✏️ _____

✏️ _____

Hilfe 🔵여 도움
brauchen 필요로 하다
mich 나를
anrufen 전화하다

215

패턴 4

🎧 MP3 088

Ich bin müde, weil das Meeting endlos war.

그 미팅이 끝이 없어서 저는 피곤해요.

 3번 듣고 독일어 따라 써 보기

그 미팅이 끝이 없어서 저는 피곤해요.

349

Ich bin müde, weil das Meeting endlos war.

그는 휴가라서 행복해요.

350

Er ist glücklich, weil er Urlaub hat.

그의 휴대전화가 고장 나서 그는 화가 나 있어요.

🎧
351
✔○○

Er ist sauer, weil sein Handy kaputt ist.

그녀는 아파서 일찍 자요.

🎧
352
✔○○

Sie geht früh ins Bett, weil sie krank ist.

 TIP   weil 문장은 인과관계의 원인을 표현하는 반면 주문장에서는 그 원인의 결과를 표현해 줍니다.

'weil(~이기 때문에)' 문장은 이유나 원인을 표현할 때 사용하며, 이 역시 부문장이므로 동사는 부문장의 마지막에 위치해야 합니다.

🔊 우리말을 독일어로 2번 쓰고 말해 보기

단어

그 미팅이 끝이 없어서 저는 피곤해요.

✎ _____

✎ _____

müde 피곤한, 졸린
Meeting 중 미팅
endlos 끝이 없는

그는 휴가라서 행복해요.

✎ _____

✎ _____

glücklich 행복한
Urlaub 남 휴가

그의 휴대전화가 고장 나서 그는 화가 나 있어요.

✎ _____

✎ _____

sauer 화가난
sein 그의(소유관사, 중성, 단수, 4격)
Handy 중 휴대전화
kaputt 고장 난

그녀는 아파서 일찍 자요.

✎ _____

✎ _____

gehen 가다
früh 이른
Bett 중 침대
krank 아픈

217

🎧 MP3 **089**

Obwohl es kalt ist, trägt er keine Jacke.

추운데도 그는 재킷을 안 입어요.

 3번 듣고 독일어 따라 써 보기

🎧 **353** ⊘○○

추운데도 그는 재킷을 안 입어요.
Obwohl es kalt ist, trägt er keine Jacke.

🎧 **354** ⊘○○

그는 아프지만 일하러 가요.
Obwohl er krank ist, geht er zur Arbeit.

🎧 **355** ⊘○○

늦었지만 그는 깨어 있어요.
Obwohl es spät ist, bleibt er wach.

🎧 **356** ⊘○○

시간이 별로 없는데도 그는 우리를 도와줘요.
Obwohl er wenig Zeit hat, hilft er uns.

TIP ▶ obwohl 문장은 aber 문장으로 바꿔 표현할 수 있습니다.
🔵 Obwohl er krank ist, geht er zur Arbeit. → Er ist krank, aber er geht zur Arbeit.

양보절을 만드는 'obwohl(~임에도 불구하고)' 문장 역시 부문장으로, 동사는 해당 부문장의 마지막에 위치합니다.

우리말을 독일어로 2번 쓰고 말해 보기

단어

추운데도 그는 재킷을 안 입어요.

✎ _____

✎ _____

es 비인칭주어
kalt 추운, 차가운
tragen 입다
keine eine의 부정(여성, 단수, 4격)
Jacke (여) 재킷

그는 아프지만 일하러 가요.

✎ _____

✎ _____

krank 아픈
gehen 가다
Arbeit (여) 일

늦었지만 그는 깨어 있어요.

✎ _____

✎ _____

spät 늦은
bleiben 머물다
wach 깨어 있는

시간이 별로 없는데도 그는 우리를 도와줘요.

✎ _____

✎ _____

wenig 적은
Zeit (여) 시간
helfen 도움을 주다
uns 우리에게

219

패턴 6

🎧 MP3 090

Ich weiß nicht, ob er kommt.

그가 올지 난 모르겠어요.

 3번 듣고 독일어 따라 써 보기

357

그가 올지 난 모르겠어요.
Ich weiß nicht, ob er kommt.

358

네가 내일 시간이 있는지 그녀가 물어봐요.
Sie fragt, ob du morgen Zeit hast.

359

날씨가 좋을지 우리는 확신할 수 없어요.
Wir sind unsicher, ob das Wetter gut wird.

360

그녀가 결혼했는지 우리는 모르겠어요.
Wir wissen nicht, ob sie verheiratet ist.

 TIP

직접의문이 주는 직접성보다는 간접의문문을 통해 간접적으로 질문하는 것이 일상 회화에서 조금 더 상대의 대답을 이끌어내는 데 도움이 되기도 합니다.

📗 직접의문문: Kommt er? (그가 오나요?)
　→ 간접의문문: Ich weiß nicht, ob er kommt. (그가 오는지 모르겠어요.)

220

'ob(~인지 아닌지)' 문장은 선택과 관련되어 간접의문문을 만들어냅니다. **ob** 문장 역시 부문장을 구성하므로 동사는 부문장의 마지막에 위치합니다.

🗣️ **우리말을 독일어로 2번 쓰고 말해 보기**

단어

그가 올지 난 모르겠어요.

✏️ _____

✏️ _____

wissen 알다
nicht ~이/가 아닌
kommen 오다

너가 내일 시간이 있는지 그녀가 물어봐요.

✏️ _____

✏️ _____

fragen 질문하다
morgen 내일
Zeit 여 시간

날씨가 좋을지 우리는 확신할 수 없어요.

✏️ _____

✏️ _____

unsicher 불확실한
Wetter 중 날씨
gut 좋은
werden ~이/가 되다

그녀가 결혼했는지 우리는 모르겠어요.

✏️ _____

✏️ _____

verheiratet 결혼한

☑ 중요 독일어 문장을 다시 말하면서 써 보세요.

🔊
저는 그가 옳다고 생각해요.

🔊
그는 그 음식이 맛있다고
생각해요.

🔊
그녀는 자신이 시험에 합격하기를
희망해요.

🔊
그 기차가 정시에 도착한다는 것에
그는 놀라요.

🔊
우리는 시간이 있으면 영화관에
갈 거예요.

🔊
네가 도움이 필요하다면 내게
전화해요.

🔊
그 미팅이 끝이 없어서 저는
피곤해요.

🔊
그는 아프지만 일하러 가요.

🔊
시간이 별로 없는데도 그는 우리를
도와줘요.

🔊
네가 내일 시간이 있는지 그녀가
물어봐요.

Tschüss!